지식의 공공성 딜레마

지식 재화는 무엇이고,
어떻게 공공이 누릴 것인가?

지식의
공공성
딜레마

김영수, 배성인, 김성태 지음

알렙

한국연구재단의 학술논문 공개 정책(OA)! 연구자의 자발적 참여인가, 국가적 관리인가?

학술논문은 연구자들에게 있어서 연구노동의 꽃이라 할 수 있다. 그리 길지 않은 분량 내에서 참신하고 창의적인 연구 가설을 설정하고, 그것을 객관적이면서도 과학적으로 검증하는 작업이야말로, 연구자 스스로 노동의 가치와 자신의 사회적 존재 의의를 확인하는 정표이자, 사회적 관계의 다양한 가치를 투영하는 노동의 과정이다. 학술논문을 중심으로 한 지식 재화가 동서고금을 막론하여 지식인의 로고스인 이유이고, 타자의 이성과 감정에 영향을 미치는 연구자의 자기 표현인 것이다.

그래서 많은 사람들은 다양한 지식 재화를 이용하여, 사회적 관계의 이성과 감정을 자기화하였다. 지배 세력은 수많은 지식인과 지식 재화를 동원하거나 포섭하여 권력의 공공성을 획득하거나, 저항하는 지식인 때문에 권력을 상실하기도 하였다. 반면에 노동자와 민중들은 각종 지식 재화와 접합되는 삶의 조건을 유지하면서, 자신들에게 이로운 지식 재화와 유기적 관계를 맺으려 한다. 이처럼 지식 재화는 사회적 관계의 다양한 가치를 역사적으로 계승하거나 발전시키고, 사회 구성원들의 삶 조건과 밀접하면서도 중층적으로 융합된 공공 재화인 것이다.

그런데 공공성은 사회적 계급관계의 차원에서 두 가지 성격을 보유하고 있다. 첫째로는 공공 재화가 생산되고 소비되는 과정에서 현실화되는 성격이다. 둘째로는 계급투쟁의 과정에서 현실화되는 계급 간의 힘의 관계를 응축하고 있다. 따라서 공공성 확보 투쟁은 공공 재화로 형성되는 공공적 가치를 전유하는 과정이자 사회적 계급관계를 구성·재구성하는 과정이다. 대부분의 공공적 지식 재화는 국가 및 공공 기관이 직접 생산하기도 하지만, 연구자들에게 비용을 지불하여 생산하는 경우가 허다하다. 노동자·민중은 다양한 생산비용의 소유권을 행사할 수 있고, 공공적 생산수단의 실질적인 소유자이지만, 형식적으로는 국가가 소유하고 관리한다. 그래서 국가는 공공 영역의 노동자들을 고용하여 재화를 생산하고, 생산된 재화를 사회 구성원 모두에게 공급한다. 국가와 공공 기관이 보유하고 있는 공공성의 원리상, 공공적 지식 재화의 공급을 정책적으로 현실화하는 주체는 바로 국가 및 공공 기관이다. 문제는 자본 축적을 촉진하는 기능에서 지식 재화의 공공적 성격을 규정하려 하는 측면이 있다. 또, 사회적 생산력에 조응하는 삶의 질을 향상시키는 차원에서 지식 재화의 공공적 성격을 규정하려는 측면도 존재한다. 공공적 지식 재화를 소비하는 목적이 계급적으로 서로 다르기 때문에 나타나는 현상이다. 노동자·민중은 노동력을 재생산하는 삶 조건의 변화, 즉 사회적 생산력의 발전에 상응하는 만큼 생활의 질을 향상시키려 한다. 한편으로 연구자들의 의도와 무관하게 자본의 생산성을 향상시키는 것을 목적으로 하기도 한다. 국가 및 공공 기관의 성격에 따라 나타날 수 있는 '지식 재화의 공공적 딜레마' 현상인 것이다.

그래서 이 책은 지식 재화의 공공성을 학술논문 무상공개(OA) 정책을 중심으로 접근하면서 연구자들의 기본적 권리를 짓밟는 문제점과 동시에, 대학 및 학문에 대한 시장화와 권위주의적 관리를 꾀하여 연구자들을 순치시키고 있는 구조적 메커니즘도 드러내고자 한다. 대학 및 학문의 시장화는 자본 축적의 조건을 촉진시키는 학문과 사상의 역할뿐만 아니라, 학문과 사상의 자율성을 보장하지 않고 권위주의적인 통제나 관리만을 일삼았던 개발독재 체제와 '일란성 쌍생아'로 여길 수 있다. 국가를 중심으로 했던 지식 재화의 공공성은 실질적으로 '상의하달(上意下達)'식 대학 운영 정책으로 나타났다. 연구자의 자율성을 최소화하거나 거의 보장하지 않고 연구의제를 국가가 지정하는 방식의 연구개발 정책, '관'을 중심으로 하는 평가구조 및 평가지표에 따라 순치되고 동원되는 지식과 지식인을 양산하는 연구지원 정책 등으로 실현되었다.

제1장 〈학문의 위기와 한국연구재단의 학문 관리〉에서는 한국연구재단의 연구관리 정책을 집중적으로 분석하고 평가하면서, 학문 관리 속에 숨겨져 있는 학문 연구의 시장화 모습을 보여준다. 제2장 〈대학의 시장화와 한국연구재단 학술 지원 사업: 비판과 과제〉에서는 대학을 위기에 빠뜨린 한국연구재단의 학술연구 지원 정책을 평

가하고 있다. 그리고 제3장과 제4장은 한국연구재단의 학술 연구논문 OA 정책을 평가하고, 현행 저작권법과 OA 정책의 관계를 저자의 권리 문제를 중심으로 분석하고 있다.

물론 교육부와 한국연구재단은 학술 연구논문 OA 정책을 이 책의 저자들과 다르게 생각한다. 저자들은 OA 정책의 이면에 들어앉아 있는 학문 연구의 '시장화'와 지식 재화에 대한 국가적 관리로 연구자들의 기본적 권리를 침해한다고 제기하지만, 교육부와 한국연구재단은 연구자의 권리를 침해하지 않는 OA 정책이라고 주장한다.

2015년 5월 교육부 학술진흥과는 학술 연구논문 OA 제도의 문제점으로 지적되는 〈저자의 권리 침해 및 저작권법 위반 소지 관련〉, 〈무상 공개에 따른 점수 차는 사실상의 무상 공개 강요 관련〉 등에 대해 다음과 같은 입장을 제시하였다.

〈저자의 권리 침해 및 저작권법 위반 소지 관련〉

• 한국연구재단은 학회로부터 '원문 공개 동의서'를 제출받을 때, '저자가 학회에 제출한 저작권 양도 확인서 또는 저자가 학회에 저작권을 양도한다거나 저작권에 대한 학회의 이용을 허락한다고 명시된 규정'도 함께 제출받아 사실 관계를 직접 확인하고 있습니다.

• 또한, KCI에서는 저작권 양도 절차를 거치지 않은 논문이 있을 경우를 대비하여, 저자 본인이 직접 원문 공개 여부를 설정할 수 있도록 KCI 로그인 시, 마이페이지에서 "원문 공개 동의 및 CCL 설정"을 할 수 있도록 안내하고 있습니다. 그 결과, 2012년 원문 서비스 개시 이후 저작자가 저작권 침해 사유로 이의 제기한 사례는 한 건도 없는 상황입니다.

교육부는 연구자의 동의 속에서 이루어지고 있고, 연구자가 이의를 제기한 사례가 없다는 점을 들어 무상 공개 정책의 정당성을 내세우고 있다. 연구자와 지식 재화를 둘러싼 권력 관계나 성과 발표의 구조적 관계를 고려하지 않는다면, 교육부나 한국연구재단의 주장이 가지고 있는 설득력을 인정할 수 있다. 그러나 그러한 구조적 관계를 잘 알고 있는 연구자의 입장에서 볼 때, 교육부는 학술 연구논문을 학회지에 발표해야만 성과 점수를 인정받는 대학 운영 정책을 알고 있는지, 혹은 알면서도 모르는 척하는지 묻지 않을 수 없다. 저작권 양도 확인서를 제출하지 않거나, 저작권에 대한 학회의 이용을 연구자가 허락하지 않을 시, 연구논문을 게재 신청조차 할 수 없는 구조이다. 또한 저자에게 직접 원문 공개 동의를 반(半)자발적으로 요구하는 것이 KCI 홈페이지 운영구조인데, 연구자의 권리를 침해하지 않고 있다는 주장은 허언에 불과하다. 학술논문 발표 및 게재에 대한 평가가 대학 및 국가를 중심으로 이루어지고, 그 평가의 결과를 바탕으로 연구자에 대한 지원의 근거를 마련할 때, 연구자 스스로 국가 및 대학을 상대로 자신의 권리를 내세우는 것 자체가 힘의 관계를 반영하지 않을 수 없다.

〈무상 공개에 따른 점수 차는 사실상의 무상 공개 강요 관련〉

· 한국연구재단은 2006년부터 10년째 학술지평가사업의 평가항목 중 하나로 "온라인 접근의 편리성"을 적용해 오고 있습니다. 또한 해외 유명 DB인 WoS(SCI, SCIE, SSCI, A&HCI), Scopus 등재를 위한 평가항목에도 온라인 접근성(오픈액세스 여부)은 주요한 평가항목입니다.

• 이는 무상 공개에 대한 변별이 아니라 온라인 접근성에 대한 배점으로, 학회에서 7점(100점 만점)을 받기 위해서는 "원문이 해당 기관의 홈페이지에서 창간호부터 무상으로 제공"될 경우입니다. 최근 3년분 이상 원문의 유상 공개는 3점이고, 무상 공개는 5점으로써 점수 차는 2점에 불과합니다.

• 현재 KCI에서 원문이 공개되는 논문 수는 총 392,712건으로, 이 중 재단의 예산 지원 분야가 아닌 이공 분야 논문이 과반 이상을 차지(52%, 203,932건)한다는 의미는 국내 학회들이 강제로 원문 공개에 참여하기보다는 자발적 참여 의사가 더 크다는 것을 반영합니다.

교육부가 지적하고 있는 온라인 접근성(오픈액세스 여부)은 해외 유명 DB 기업에서 평가항목으로 포함하고 있는 것은 분명하다. 그러나 이것이 학술논문 무료 공개(오픈액세스) 여부를 평가하는 기준은 아니다. 웹상에서의 접근이 가능한지에 대한 평가이지, 논문을 무료 또는 유료로 공개 여부를 판단하는 기준이 아닌 것이다. 무료 공개 정책을 합리화하기 위해 해외 기업의 정책을 '호도'하고 있는 것이 아닌가라고 의심하지 않을 수 없다. 한국연구재단은 온라인 접근성 항목이 원문 공개 항목으로 착시를 일으키게 함으로써, 한국연구재단의 원문 공개 동의를 확대하면서 오픈액세스(OA)를 실질적으로 강요하고 있는 것이다. 해외 기업에서는 온라인 접근의 다양성, 예를 들면, 일정 기간 이후에 무상으로 공개하거나, 일정 기간에는 원문 전체가 아닌 일부만을 공개하는 등의 다양성이 인정되는 전제에서 평가되고 있고, 또한 그러한 평가 기준이 등재 여부를 좌우할 정도가 아니라는 점이다.

한국연구재단에서 각종 연구지원 정책의 당락이 거의 1점 이내에서 이루어지고 있다는 점에 비추어 본다면, 교육부가 2점의 점수를 활용하여 학회나 연구자들에게 오픈액세스를 강요하고 있는 것에 다름 아니다. 교육부는 한국연구재단에서 예산 지원을 받지 않은 이공 분야 논문이 과반 이상이라는 점을 강조하고 있는데, 산학협력이 잘 이루어지지 않는 분야이자, 한국연구재단의 집중적 지원이 이루어지고 있는 인문사회 분야의 학술 연구논문들은 연구자들의 자발성과 무관한 구조 속에서 원문을 공개하고 있다고 보아야 한다.

이처럼 한국연구재단은 공공 비용을 지원해서 생산된 학술지의 학술 연구논문을 대상으로, 국가적 차원의 무료 공개를 강제하려 하는데, 이는 헌법 가치를 훼손하는 것이다. 연구자의 기본적 권리를 국가나 공공 기관이 침해하는 것이다. 저작권법상의 저작물과 달리 학술논문의 경우 누적성, 공유성, 공개성 등과 같은 특성이 있기 때문에 학술논문에 대한 오픈액세스 접근에 대한 노력이 연구자 중심으로 진행되어야 할 것이다.

마지막으로 제5장과 제6장은 정보화 사회에 조응하는 학술 연구논문의 사회적 관리를 정책 대안으로 제시한다. 그러한 대안의 이론적 근거는 지식 재화의 공공성에 기반하는 정보 공유론과 생산자의 권리를 보장하는 정보 사유론의 사회적 조화이다.

정보화사회에서 정보 공유론은 단순히 기존의 '생산된 지식과 정보'를 공유하는 것에 그치지 않고 합법적으로 정당하게 공유될 수 있는 지식과 정보를 생산함으로써 보다 적극적으로 정보와 지식의 공유적 질서를 확산시킬 수 있다. 정보 공유론은 기본적으로 소극적, 저항적인 권리 주장에 머무르는 한계를 지적받을 수 있기 때문에, 정보 공유론만으로는 오히려 지식과 정보가 위축될 개연성도 존재한다. 따라서 정보 사유론은 경제적 보상이라는 수단을 보장받고, 정보 공유론은 공공 영역과 공익의 확대라는 목적을 확보하기 위한 사회적 타협과 조정의 필요성, 즉 공익과 사익 간의 균형의 회복이 그 어느 때보다 절실해 보인다. 이를 위해서는 학술 연구논문(지식 재화)에 대한 사회적 관리는 정부나 공공 기관이 배제된 상태에서 혹은 지극히 제한적인 참여방식으로 이루어져야 한다. 사회적 합의기구가 구성되고, 그 기구가 자율적이고 독립적인 권한을 확보한 상태에서 학술 연구논문(지식 재화)을 관리하는 시스템이 헌법 가치를 실현하는 것이자, 세금을 보다 효과적으로 쓰는 경우에 해당한다. 이런 주장을 할 때마다, 국가나 공공 기관은 사회적 기구들을 어떻게 신뢰하는가, 혹은 그런 능력을 가지고 있는가라는 의심의 '눈초리'로 바라볼 것이다. 역으로, 국가나 공공 기관이 관료적이고 권위적인 공공 정책의 패러다임을 고수할 경우, 국민들은 국가나 공공 기관을 그런 의심의 '눈초리'를 보내지 않을 수 없다.

정보산업사회의 대표적인 특성은 다중지성의 사회라는 점이다. 지식을 보유하고 활용하는 주체가 소위 엘리트로 한정되는 것이 아니라, 누구나 사회적으로 존재하는 다양한 지식 재화들을 활용하여, 또 다른 지식 재화를 창조하는 사회인 것이다. 또한 소수만이 지식을 독과점하는 것이 아니라, 누구든지 지식의 주체이자 지혜의 샘을 구축할 수 있는 것이다. 이를 위해서는 공공적 국가권력이나 사적 자본권력이 공공적 지식 재화에 대한 관리를 독과점화하지 않아야 한다. 따라서 공공적 지식 재화가 개인적 가치와 사회적 가치를 동시에 보유하고 있는 만큼 공공성을 극대화할 필요가 있다. 이는 국가나 공공기관이 공공적 지식 재화를 관리하고 유통한다고 해서 이루어지는 것이 아니라, 공공적 지식 재화를 생산하고 유통시키면서, 소비와 재생산의 문제까지 사회화하는 과정에서 현실화될 것이다. 그 방안이곧 공공적 지식 재화의 사회화 전략이다.

2015년 6월
필자들을 대표해서 김영수 씀

차례

제1장

학문의 위기와
한국연구재단의
학문 관리

배성인

✝ 2009년 6월 탄생한 한국연구재단의 주업무는 크게 연구지원과 연구관리로 나뉜다. 첫째, 연구지원은 주로 이공 분야의 연구에 치중되어 있고 또 실용적 목적을 위한 연구에 치중되어 있다. 인문·사회과학 분야에서도 예전보다 연구 환경이 풍요로워져서 전임교수들의 경우 긍정적이다. 하지만 비정규교수들에게는 생존을 위해 자신의 노동력을 프로젝트에 팔아, 거기서 연구력을 소진시킨다. 무엇보다 심각한 문제는 연구재단의 지원사업이 최소한의 실용성을 담보해야 한다는 것이다. 또한 연구재단에서 지원이 결정되면, 정해진 기간 내에 성과물을 제출해야 하기 때문에, 모든 것이 그것을 위주로 돌아간다. 둘째, 연구관리 분야는 학술지 관리로 대표된다. 겉으로 보기에는 연구지원과 연구관리가 분리되어 있는 것 같지만 사실 연구지원과 연구관리는 상호의존적이다. 연구비를 구실로 대학과 학문을 지배하는 한국연구재단은, 학문 행위에서의 '합리화'를 요구한다. 연구재단은 모든 것을 계량화해 정량적인 평가 기준을 만든 것이다. 따라서 한국연구재단의 학술지 관리는 학문을 위축시키는 관리 체제라고밖에 할 수 없다. 이는 학문이 그 속성상 관리가 강화될수록 위축되고 고갈되기 때문이다. 한국연구재단의 학술지 관리 방식은 크게 보아 첫째, 학문 활동 주체의 관리, 둘째, 학문 분야의 관리, 셋째, 학문 논의의 장의 관리, 넷째, 학술 연구성과의 관리로 나타난다. 이러한 관리 방식은 사실상 학문 활동을 제한함으로써 학문을 위축시킨다.

한국연구재단은 2009년 6월 26일 과학기술부 산하 한국과학재단, 국제과학기술협력재단 그리고 교육인적자원부 산하 한국학술진흥재단이 통합되어 생긴 학문 지원 준정부기관이다. 이로써 종전의 3개 기관이 수행하던 학술 및 연구개발 활동 지원 업무 대부분을 한국연구재단이 통합해서 수행하게 되었고, 기존의 한국학술진흥재단과 과학재단에서 수행하였던 학자금 융자 및 장학 사업들은 한국장학재단을 신설하여 수행하게 되었다.

한국연구재단(이하 한국연구재단 또는 연구재단)이 기존의 다른 연구기관과 구별되는 특징으로는 첫째, 분야별 전문가에 의한 연구사업 관리 제도의 법적 근거를 마련하였다는 점이다. 기획 과제 수행, 평가위원의 직접 참여, 우수성과에 대한 후속 지원 등 연구과제 관리 전 과정을 지원할 수 있도록 권한을 강화하였다. 둘째, 한국연구재단법 제2조 2항에 의해 재단은 그 활동과 운영에 있어서 독립성과 자율성이 보장된다. 셋째, 동법 제15조에는 분야별 전문가에 의한 연구사업 관리가 명시되어 있다.

1 자본과 국가권력에 의한 지배

이렇게 한국연구재단의 목적을 법을 통해 명확하게 밝히는 것은 학술 진흥을 위해 필요한 제도적 뒷받침으로 이해되지만, 설립 이후 재단이 연구사업 지원의 '독점'과 독점적 '관리'를 현재까지 진행하고 있다는 점은 크게 우려스럽다. 또한 재단의 독립성과 자율성을 법적으로 보장받게 되어 있지만 이는 현실적으로 동의하기 어렵다. 현재 대학과 학문이 자본과 국가권력의 지배하에 놓여 있기 때문이다.

한국에서 자본의 규모가 커질수록, 자본에 의한 국가권력의 장악력이 높아질수록, 학문의 위계화는 급속도로 진행된다. 한국연구재단의 관리는 흔히 '지원'이라는 말로 통용된다. 이미 식상한 어휘가 된 '인문학의 위기'는 진즉 국가의 '관리'하에서만 생존하고 있다. 자본의 부탁을 받은 국가가 관리 기구를 작동시킨 것이다. 교육부는 국가권력을 수단으로 대학의 연구를 강제하는 기관이고, 한국연구재단은 '지원'을 통해 학문을 관리, 통제하는 기관이다. 이는 비단 인문학뿐만이 아니라 부가가치를 창출하지 못하는 모든 학문 분야까지 관리하고 통제한다.

공자의 『논어』에는 학문을 "학이시습지 불역열호(學而時習之 不亦說

지식의 공공성 딜레마

乎)", 다시 말해 "배우고 때로 익히면 또한 기쁘지 않겠는가."라고 하였다. 이렇듯 학문의 길은 진정한 기쁨을 추구하는 방법이다. 학문은 교육을 통해 얻어질 수도 있지만 스스로의 탐구로도 이루어질 수 있다. 그래서 타인의 요청에 의한 학문은 '죽은 학문'이며 스스로 즐겁게 하는 학문이 '살아 있는 학문'인 것이다. 학문이 살아 있고 즐겁다는 것은 그 주체가 권력과 자본으로부터 자유롭다는 것을 말한다.

또한 프랑스 철학자 푸코(M. Foucault)가 말했듯이 학문이 발전하기 위해서는 끊임없이 새로운 분야를 탐구하고 새로운 지식을 만들어내며 기존 지식 체계를 변화시켜야 한다. 그러한 학문을 통해 구성원을 교육시키고 바른 품성과 문화의 발전을 이루도록 지원하는 것이 사회와 국가의 책임 있는 역할이다.

그런데 신자유주의 시대에 자본은 돈을 매개로 대학을 장악하여 위계화시키고 대학에서의 기술개발을 통해 이윤을 증식한다. 따라서 자본의 입장에서 한국연구재단의 설립은 연구개발(R&D) 분야의 투자 효율성을 제고하기 위한 제도 개선 차원에서 추진되었던 것이다.

이들 자본과 굳건한 동맹 관계를 맺고 있는 국가권력은 자신의 정당성을 확보하기 위해 교육을 통해 이데올로기를 재생산한다. 또한 국가권력은 자신에게 맞는 국민을 제작하기 위해 결코 교육과 대학의 지배를 포기하지 않는다. 따라서 아무리 대학의 자율성과 교육공공성을 외쳐도 이는 정치적 수사에 불과하다.

대학의 붕괴를 최소화하기 위해서는 대학 자율성과 교육공공성을 회복하는 것이 무엇보다 급선무다. 공공성을 '자유롭고 평등한 시민이 공개적 의사소통 과정을 통해 공동체의 복리를 추구하는 것'이라고 규정했을 때, 국가가 제공하는 공적 재화와 서비스, 위압적인 공적 권위를 '공공성'이란 용어로 포장해선 안 된다. 현재 '관리'라는 이름으로 진행되고 있는 국가의 관료적·이데올로기적 개입을 중단해야 한다.

현재 대학은, '사회'가 아닌, '기업'에 인력을 공급하는 취업 준비 기관일 뿐이며, 동시에 한국 사회의 지배자와 피지배자를 결정하는 장치로서 기능한다. 그것은 자본과 국가를 영원히 재생산하는 장치인 것이다. 한국 사회에서 대학은 모기업의 하청 업체이거나 기업에 '인적 자원'을 공급하면서, 사회적 불평등을 재생산하는 기지로 전락한 지 오래다.

2 학문의 위기를 가중시키는 한국연구재단의 관리

한국연구재단은 "학술 및 연구개발 활동과 관련 인력의 양성 및 활용을 보다 효율적이고 공정하게 수행함으로써 국가의 학술 및 과학기술 진흥과 연구역량 제고에 기여"하는 것을 설립 목적으로 하고 있다. 이와 같은 목적은 한국연구재단법에 의거하여 한국연구재단 홈페이지에서도 명확하게 밝히고 있다.

이에 따라 재단의 주요 사업은, 교육부 소관의 학술지원 사업과 미래창조과학부 소관의 연구개발(R&D) 사업으로 구성되어 있다. 학술지원 사업은 크게 '창의연구 지원'과 '연구인재 양성'을 목표로 하고 있다. 여기서 '창의연구 지원'이란 재단 법령 및 정관상의 기관 고유

[그림] 한국연구재단의 주요 활동 및 기능

학술 및 연구개발
활동의 지원

학술 및 연구개발 인력의
양성과 활용의 지원

학술 및 연구개발 활동의
국제협력 촉진 지원

학술 · 연구개발 활동
및 관련 인력의 양성 · 활용
등을 효율적이고
공정하게 지원

학술 및 연구개발 사업
수행에 필요한 자료 및 정보의
조사 · 수집 · 분석 · 평가 ·
관리 · 활용과 정책 개발 지원

학술 및 연구개발
관련 기관 · 단체의
연구 · 운영 지원

국내외 학술 및 연구개발
관련 기관 · 단체 간의
교류협력 지원

기타 학술 및 연구개발에
필요한 사항

출처: 한국연구재단 홈페이지

목적인 '학술 및 연구개발 활동 지원'을 성공적으로 수행하여 국가
학술 및 과학기술 진흥에 이바지함을 의미하고, '연구인재 양성'은
'학술 및 연구개발 인력의 양성 및 활용을 지원함'에 있어서 미래 국
가 학술 연구를 선도할 창의적 인재를 양성함을 뜻한다.

또한 한국연구재단의 주요 기능은 ① 학술 활동 지원 방안의 수
립 · 집행, ② 학술 연구 보조금의 집행 · 관리, ③ 학술 연구 단체에
운영비 등 보조, ④ 국내외 학술 교류 및 협력 지원, ⑤ 학술 활동을
위한 시설 및 편의 제공, ⑥ 학술 정보 자료의 조사 · 수집 · 관리,

⑦ 학술 진흥 관련 연구 수행, ⑧ 학술 연구 결과의 평가 · 관리 및 활용, ⑨ 대학 연구 지원 및 관리에 관한 조사 · 분석 · 평가 및 통계 관리, ⑩ 장학기금의 조성 · 운용 · 관리와 학자금의 무상 지급 및 대여 등에 관한 사항 처리 등이다(한국연구재단 홈페이지 참조).

그러나 한국연구재단의 주 업무는 크게 연구지원과 연구관리로 나뉜다. 첫째, 연구지원 분야를 본다면 학술 연구의 모든 분야가 원칙적으로 지원 대상이 될 수 있지만 원천기술개발사업지원이나 원자력기술개발사업지원과 같은 사업 분야 목록에서 확인되듯이 이공 분야의 연구에 치중되어 있고 또 실용적 목적을 위한 연구에 치중되어 있다.

물론 인문 · 사회과학 분야에서도 조금 부지런하면 어렵지 않게 연구지원금을 끌어올 수 있다. 연구재단뿐만 아니라 여러 곳에서 지원이 이루어지고 있기 때문이다. 오히려 한국연구재단의 프로젝트는 전임교수들에게 경제적으로 커다란 도움이 안 된다. 인건비로 책정된 재정이 매우 적기 때문이다. 그래도 본인의 실적과 평가 그리고 소속 대학의 평가로 이어지기 때문에 억지로 하는 경우가 다반사다. 이와 함께 후속 세대의 생계 문제를 책임지기 위해서 프로젝트를 수행한다. 여하튼 전임교수들에게는 과거보다 연구 환경이 상당히 풍요로워졌다는 점에서 긍정적이다. 그럼에도 연구책임자들의 연구비 횡령이 종종 목격되는 건 단순한 물질적 탐욕 때문인지 자못 궁금하다.

하지만 비정규교수들은 생존을 위해 자신의 노동력을 프로젝트에 팔아, 거기서 연구력을 소진시킨다. 이들에게는 연구재단의 프로젝

지식의 공공성 딜레마

트가 공공근로사업 같아서 만감이 교차하고 비루한 삶의 회한이 주기적으로 발생한다. 게다가 프로젝트가 아니면 생계 연장의 꿈을 이룰 수가 없어서 이를 장기 사업이자 직업으로 선택한 이들을 주변에서 종종 목격하게 된다.

무엇보다 심각한 문제는 연구재단의 지원 사업이 최소한의 실용성을 담보해야 한다는 것이다. 그러다 보니 연구재단의 지원을 따내기 위해서 연구자들은 자신의 연구가 현실에 적용되어 즉시 이윤이 창출되는 무언가를 만들어낼 수 있다는 것을 보여주기 위해 갖은 수단과 방법을 다 동원하고 머리를 짜낸다.

또한 연구재단에서 지원이 결정되면, 정해진 기간 내에 성과물을 제출해야 하기 때문에, 모든 것이 그것 위주로 돌아간다. 그것이 그들의 일상이 되었다. 연구성과를 단기간에 제출하라는 연구재단의 요구 때문에 연구 호흡이 갈수록 짧아지는 경향이 있다. 연구 기간 동안 연구자는 안정적인 지원을 받게 되지만, 그 대신 그에 상응하는 연구 활동의 제약을 받게 되는 것이다. 연구재단 프로젝트를 수행하다 보면 다른 데 눈 돌리고 자유롭게 연구를 수행할 기회를 스스로 박탈하는 일이 벌어지는 것이다. 그렇다고 연구성과가 학문과 사회 발전에 얼마나 기여했는지 알 수도 없다.

둘째, 연구관리 분야는 학술지 관리로 대표된다. 겉으로 보기에는 연구지원과 연구관리가 분리되어 있는 것 같지만 사실 연구지원과 연구관리는 상호의존적이다. 물론 재정이나 업무의 규모로 본다면 연구지원이 연구관리 분야보다는 훨씬 크다. 그러나 연구지원이 연구관리 대상이 되는 학술논문 업적에 근거하고 있기 때문에 학술 관리가 한국연구재단의 사업에서 더 근본이 되는 사업이라 할 수 있다. 한국연구재단의 학술 관리는 학술 활동이 학술지에 실리는 논문으로 가시화되기 때문에 학술지 관리로 대표된다.

학술지를 효율적으로 관리하기 위한 체제를 구축하는 것이 학문 진흥책이라고 인정할 수 있다면 1998년부터 지금까지 진행되고 있는 한국학술진흥재단 그리고 그 후 한국연구재단의 학술지 관리 체제 구축의 성과는 성공적이었다. 한국연구재단이 인정하는 학술지의 수는 비약적으로 늘었으며 또 한국연구재단의 관점에서 볼 때 학술지 자체의 질적 관리 노력 역시 상당하다.

연구비를 구실로 대학과 학문을 지배하는 한국연구재단은, 학문 행위에서의 '합리화'를 요구한다. 연구재단은 모든 것을 계량화해 정량적인 평가 기준을 만든 것이다. 모든 학회의 학술지를 '등재지'와 '비등재지'로 나누는 순간 비등재지는 모두 어두워야 살아나는 좀비가 되었다. 그러나 동시에 등재지를 향한 경쟁과 질주도 시작되었다. 등재(후보)지가 되었다는 것은 학술지 간 상호 간격이 없어진 것이다. 그러므로 평균적으로 등재지화하는 것은 상호 우열을 없애버린다. 이전에는 자율적으로 그 등급이 결정되어 있었다. 한국연구재단의 지원이 시작되는 순간, 그 자연스러운 등급이 사라진 것이다.

또한 한국연구재단은 지원을 구실로 하여 학술대회의 형태, 참여 인원 수, 논문의 심사 과정, 학술지의 형태, 편집위원의 구성 등 '모든 것'을 간섭한다. 대학의 연구자들은 본격적으로 푼돈을 구걸하기 위해 자신의 존엄과 자유를 팔아먹은 노예가 되었다.

이와 함께 논문 중심의 획일적인 잣대로 연구 지원을 하게 되면

'일반 대중의 눈높이에 맞춰 글쓰는' 연구자들이 자연스럽게 지원 대상에서 배제된다. 지식인은 시대적 요구와 대중적 요구에 답을 해야 하는데, 연구재단이 대중과의 소통에 걸림돌로 작용하는 것이다. 특히 후속 세대들은 생존의 갈림길에서 일부를 제외하고는 연구재단을 선택하게 된다. 비록 이들이 정규직 대학교수의 꿈을 접거나 원하지 않더라도 말이다. 그래서 '인문학의 위기'는 자기모순에 빠지게 되었다. 연구자들의 대중적 글쓰기와 연구재단이 요구하거나 대학교수가 되기 위한 논문 실적은 양립하기 어렵기 때문이다.

따라서 한국연구재단의 학술지 관리는 학문을 위축시키는 관리 체제라고밖에 할 수 없다. 이는 학문이 그 속성상 관리가 강화될수록 위축되고 고갈되기 때문이다. 한국연구재단의 학술지 관리 방식은 크게 보아 첫째, 학문 활동 주체의 관리, 둘째, 학문 분야의 관리, 셋째, 학문 논의의 장의 관리, 넷째, 학술 연구성과의 관리로 나타난다. 이러한 관리 방식은 사실상 학문 활동을 제한함으로써 학문을 위축시킨다.

첫째, 한국연구재단의 학술지 관리 체제는 해당 분야의 비전문가를 학술 논의에서 배제하면서 시작된다. 사실 학문의 변화와 발전은 특정 학문 분야의 기존 지식 체계에 의문을 제기하고 도전함으로써 이런 지식 체계를 변화시킬 때 이루어진다. 이런 도전은 해당 학문 분야의 비전문가에 의해 주로 이루어진다. 그런데 한국연구재단의 학술지 관리 체제는 이런 비전문가의 학문적 논의가 인정받을 수 없는 구조이다.

한국연구재단에서 인정하는 학술지는 해당 분야의 전문가라고 인정된 사람들의 모임인 학술 연구자 단체 또는 학술 연구소에서 간행하는 학술지를 말하기 때문이다. 해당 분야에서 의미 있는 학술논문을 쓸 수 있는 연구자라 하더라도 기존의 학회 구성원의 인정을 받지 못하면 그 학회의 회원이 될 수 없으며 그런 학회지에 논문을 투고할 자격도 없어진다. 이런 체제에서 해당 전문 분야의 지식 체계를 변화시킬 수 있는 학문 연구자는 기본적으로 해당 분야에서 배제된다.

둘째, 한국연구재단의 학술지 관리 체계는 학문 분야를 나누어 관리하는 방식을 취함으로써 학문을 위축시킨다. 한국연구재단에서 관리 대상이 되는 학술지는 인문, 자연, 공학, 사회 등의 분야로 나누어져 있고, 인문계는 다시 문학, 철학 등으로, 문학은 다시 국문학, 영문학 등으로 나누어져 있고, 국문학은 다시 고전문학, 현대문학으로, 다시 현대문학은 시, 소설, 드라마로 나누어진다. 이런 방식의 분류로 인해 어디에도 속하기 어려운 문화 연구의 경우 학문의 위상을 가질 수 없는 것이다.

셋째, 한국연구재단의 학술지 관리 체계는 학술 논의의 장을 안과 밖으로 구분하여 밖에 있는 학술 논의의 장을 배제함으로써 학문을 위축시킨다. 한국연구재단에서 인정하는 학문적 논의는 등재(후보) 학술지에 실린 논문이다. 아직 등재지가 되지 못한 학술지와 '비학술지'에 실린 학문적 논의는 의미 있는 연구로 인정되지 않는다. 이렇게 학문의 논의의 장을 제한하는 관리 체제 역시 학문의 발전을 위축시킨다.

넷째, 한국연구재단은 학술 연구 성과를 OA(Open Access) 제도를 통해 공급하고 관리한다. OA는 연구자 및 학자들의 자유로운 참여에 의해 법적, 경제적, 기술적 장벽 없이 전 세계 이용자 누구라도 자유롭게 무료로 정보에 접근할 수 있도록 저작물 생산자와 이용자가 정보를 공유하는 것을 말한다. 학술논문의 공공성을 고려하면 긍정적인 평가를 받기도 하지만 준정부기관으로서의 독점적 행태와 관리 체계를 고려하면 부정적 인식도 상당하다. 그것은 한국연구재단이 등재(후보)지 평가 권한을 이용하여 학회에게 논문의 무상 공개를 사실상 강제하고, 그것도 학술지 지원을 통해 연구자들의 동의를 제대로 획득하지 않은 상태에서 무상 공개를 강제하기 때문이다. 이는 연구자들과 연구 풍토의 자율성을 훼손하는 중대한 요소로서 작용하기 때문에 심각한 문제가 되고 있다.

제2장

대학의 시장화와
한국연구재단
학술 지원 사업:
비판과 과제

배성인

✝ 자본이 대학을 인수·소유하는 지배구조를 통해 새로운 수익 사업을 창출한 지는 이미 오래전의 일이다. 이러한 대학의 시장화에 한국연구재단의 학술 정책이 일조하면서 대학을 위기에 빠뜨렸다. 한국연구재단 문제의 핵심은 학술지원 사업인데, 다음과 같은 문제점이 있다. 첫째, 학술 정책과 기초학문의 위기를 초래하고 있다. 특히 학술 정책의 시장화와 기초학문 일반에 대한 국가 차원의 장기 계획이 없다는 점이다. 둘째, 학문 생산과 학문 적실성의 위기다. 셋째, 개별 연구보다 집단 연구와 대형 연구 중심의 지원은 창의적이고 독창적인 연구성과의 산출과 신진 연구 인력의 양성에 있어서 부정적이다. 넷째, 비정규교수들을 비롯한 학문 후속 세대가 배제되어 있다. 다섯째, 연구재단의 사업 구성이 정부 부처에 의해 일방적으로 진행되고 있다. 이러한 문제들을 해결하기 위한 '전제'는 장기적 관점에서 인문·사회과학 일반에 대한 마스터플랜을 마련할 독자 기구 설치와 이의 독립성을 보장하기 위한 법적 장치의 마련이다. 둘째, 연구재단과 같은 사업 프로그램 위주의 연구지원 기구가 아닌, 인문·사회과학 분야의 학문 정책을 수립, 법제화할 수 있는 정부로부터 자율적인 '한국인문사회과학연구위원회'가 필요하다. 이와 함께 연구재단은 학술 정책 기획·집행의 자율성을 확보하기 위해 사회적 규제를 실현하는 방향으로 지배구조를 개편해야 한다. 셋째, 현재 사업별로 구성된 연구지원 구성은 수요자인 연구자 중심으로 전면적으로 재편돼야 한다. 넷째, 연구지원 방향은 저서와 역서에 대한 지원 및 평가 폭을 확대하는 것이다. 지금은 무엇보다 학문 후속 세대와 학문 공동체, 나아가 학문 생태계를 보호하는 일이 매우 시급하다.

1 대학의 시장화와 묵시록

언제부터인가 대학 강의실에서는 교단에 누가 있든 관계없이 친구들과 즐겁게 조잘거리기도 하고, 휴대폰으로 통화하기도 하고, 졸린 눈을 비비며 수업을 준비하는 학생들의 풍경을 흔히 보게 된다. 이제는 그러한 모습이 익숙해져서 특별한 조치를 취하지 않지만 다수의 대학 교수들은 긴장을 늦추지 않고 호흡을 가다듬는다. 준비된 멘트를 날려보지만 반응이 싸늘하다. 그것은 학생들이 공감하기에 시대적인 상황, 의식, 삶의 수준 등이 많이 달라졌기 때문일 게다.

2010년 3월 고려대 김예슬 학생의 "오늘 나는 대학을 그만둔다, 아니 거부한다."는 선언은 충격적으로 다가왔지만 파장이 예상보다 크지 않았다. 같은 또래의 학생들과 그 선언의 의미에 대해서 얘기를 나눠봤지만 공감은 형식이었고 그 실체를 찾아보기는 힘들었다. 당시는 이명박이 "대학도 수익 사업 할 수 있으면 좋을 텐데……"라며 "외국은 대학이 호텔, 슈퍼마켓도 하지 않나?"라고 했던 발언이 오히려 관심을 끄는 시대였기 때문이었다.

필자가 항상 대학 강단에서 일관되게 상투적으로 목소리를 높였던 것이 두 가지가 있다. 그것은 첫째, 전태일의 친구가 되었으면 좋겠다는 것이고, 둘째, 비판적이고 실천적인 지성인이 되라는 것이다. 물론 커다란 기대는 하지 않는다. 현실적이지도 않고 구체성도 떨어져서 요즘의 학생들에게는 불필요하거나 불편할 것이기 때문이다.

마르크스의 '처음은 비극으로, 두 번째는 희극으로' 반복된다는 역사 반복론에 비춰보면 상황은 비관적이지 않아야 하는데, 여전히 그리고 당분간 비관적이다. 신자유주의가 전면화되면서 한국의 대학이 희망적이었던 적은 없었다. 동물의 왕국처럼 승자만이 살아남는 경쟁의 공간에서 학생들의 선택의 폭은 매우 좁을 수밖에 없다.

김예슬이 "이름만 남은 '자격증 장사 브로커'가 된 대학, 그것이 이 시대 대학의 진실이다."라고 지적한 것처럼 스펙조차 이윤 추구의 수단으로 활용하는 대학과 자본의 전략을 이제는 누구나 인식하고 있다. 대학은 인재를 양성하는 곳이 아니라 인재를 두 번 죽이는 공간이 되어버렸다. 정의와 진리를 내팽개치고 세속의 욕망으로 가득한 '신자유주의형 인간'을 양산하는 곳이다.

대학의 운영자들은 자본의 축적 양식과 경영 기법을 도입하여 돈벌이에 급급하고 있다. 그들은 돈 되는 사업을 위해서 치열하게 경쟁하고 있다. 학교에 자본을 유치하기도 하고 직영 사업을 통해서 매출도 늘리고 내부 원가도 줄이고 있다. 학장이나 총장은 후원금을 끌어

오고 수익 사업에 앞장을 서서 성과를 내야 인정을 받고 연임도 가능하다.

여기에서 한 걸음 더 나아가 자본이 대학을 인수 · 소유하는 지배 구조를 통해 새로운 수익 사업을 창출하고 있다. 기업이 대학을 지배하려는 가장 큰 이유는 대학 자체가 가장 커다란 돈벌이의 수단이기 때문인데, 재단 입장에서 볼 때 폭리를 올리는 등록금뿐만 아니라 한 해 수천억 원씩의 국고보조금, 대학운영 · 부속병원 세제 혜택 등은 가장 전형적인 수익 창출 사업이다.

또한 기업의 대학 지배는 학문의 내용까지 간섭하고, 기업에 지배된 대학이 비판의식이 사라진 순응적 기능 인력을 육성하는 것도 대학 입장에서는 또 하나의 커다란 수익 사업이다. 따라서 기업은 지식인과 학생을 길들여 기업이 원하는 사회를 만들기 위한 이념적 청사진뿐 아니라 대학의 인사 · 재정 · 행정을 장악했기 때문에 학문 내용도 결정할 수 있다. 인문학 열풍이나 대학마다 개설된 CEO 과정, 대학 건물의 공간 배치 역시 기업의 대학 지배 현상을 보여주는 대표적인 사례이다.

2 구조적이고 총체적인 대학 문제

현재 한국 대학의 문제는 학술 정책, 교원 정책, 학문 체계, 교과과정, 전문대 문제 등 구조적이고 총체적이다. 교수-학생-교직원의 3자 관계는 협력적 관계이면서 적대적 관계이며, 비협력에 기초한 권력

관계이다. 대학이라는 공간은 꼰데만 있고 선생이나 스승은 없는 경쟁과 배제의 공간이며, 비정상이 보면 정상이고 정상이 보면 비정상적인 공간이다.

대학의 한 주체인 학생들이 대상화된 지도 옛날이야기다. 자본의 노예가 된 대학에서 학생들의 졸업장은 새로운 노비 문서에 불과하다. 학벌주의는 점점 우리의 숨통을 더 세게 조여 오면서 이 사회를 벼랑 끝으로 몰아가고 있다. 학벌주의가 신분 상승의 지름길이란 생각이 사라지지 않으면 결코 사회 발전은 있을 수 없다.

그렇다고 대학의 또 다른 주체인 교수들에게 기대할 수 있는 것도 없다. 정도의 차이는 있지만 보수나 진보나 지식인이라면 어느 누구도 자유롭지 못하다. 진보적 지식인 역시 두려움과 눈치 보기에 급급해 있으며, 그들이 주장하는 정의와 진리 역시 립서비스에 불과할 뿐이다. 이렇게 모두가 공범이 되어 학생들의 권리를 박탈하였으며 좌절하게 만들었다. 그러니 그들에게 이기주의니 기회주의니 하면서 인격을 모독하는 비판을 삼가야 한다.

그래서 대학 체제 개편이 그 어느 때보다 시급한 과제임에는 틀림없다. 하지만 시장화되고 상업화되어 한국 사회의 계급구조를 재생산하는 온상인 대학 체제를 개편하는 일이 매우 어려운 과제임에는 틀림없다. 서울대를 정점으로 하는 서열주의와 한국 사회를 양극화, 불평등, 부정의 사회로 만드는 학벌주의를 해체하고 타파하는 것은 가장 중요한 목표이자 새로운 사회로 이행하기 위한 전략이기 때문이다.

국가 수준에서 대학 체제 개편 논의가 없었던 것은 아니지만, 한국

　　　　　　　　　　　　　　　　　　　　지식의 공공성 딜레마

고등교육 정책의 역사는 아주 일천하다. 지난 10여 년에 걸쳐 수립되고 추진된 대책들은 국민들의 입시 사교육 고통을 낮추고 대학 교육의 질을 담보하는 데 제대로 성공하지 못했다. 민간 영역에서도 체제 개편 논의가 있었지만, 각 진영의 주장만 있지 사회적으로 어떤 방향으로 가닥을 잡을 것인지에 대해 대중적으로 수렴되지 못했다. 우리 대학 교육의 질을 점검하는 역량 또한 국가 수준에서조차 초보 단계에 머물고 있는 현실이다.

2011년에 등록금 문제가 주요 이슈가 되었지만 '반값 등록금'이라는 프레임에 갇혀 문제 해결의 실마리를 찾지 못하고 말았다. 그것은 대학 자체가 한국 사회의 계급구조를 재생산하는 공간이다 보니 등록금 문제 하나만 가지고 손을 담근다고 하더라도 담그는 순간부터 사회구조적인 모순과 직면하지 않을 수 없기 때문이다.

따라서 등록금 문제 해결은 결국 우리 사회의 교육구조 자체를 완전히 뜯어내고 새로 만들어가는 과정일 수밖에 없는 것이다. 소수의 국공립대와 다수 사립대 그리고 전문대로 이루어진 대학 체제를 개편하는 방식은 급진적인 방식과 단계론적 개혁적인 방식으로 나눌 수가 있으며 대학마다 다르게 접근해야 한다. 큰 틀에서 모든 대학의 국공립화, 무상 교육, 입시 폐지, 대학 평준화 등 무엇이든지 간에 구체적으로 실현하기 위해서는 전략적 기획이 필요한 시점임에 틀림없다.

3 학문 없는 학술 정책

네이버(naver.com)에 보면 학술[1] 정책(academic policy)이란 국가가 학술 진흥에 관한 이념을 실현하기 위한 행동 방침을 말한다. 이러한 학술 정책은 국민의 동의를 바탕으로 제시되며, 공권력을 행사할 수 있다는 특성을 지닌다. 여기서 이념이라 함은 학술 진흥의 목적 및 목표의 원천이 되는 이상적 관념을 말한다.[2]

학술 정책은 정부가 수행하는 학술 진흥에 관한 공적인 의사결정의 특성을 가진다. 또한 학술 정책을 형성하는 과정에서 다양한 이해관계자들의 정치적 활동이 이루어진다. 이러한 학술 정책이 올바로 수행되기 위해서는 환경 변화에 대한 통찰력 있는 인식, 정책 문제를 해소하기 위한 창의적 전략 수립, 다양한 이해관계자들의 협력적 참여, 그리고 학술 정책에 대한 반성과 혁신에 대한 노력이 필요하다.

학술 정책은 지식의 사회적 생산 활동에 중점을 두고, 주로 대학 사회 내에서 이루어지는 학문 활동을 지원하는 내용을 다룬다.[3] 그러기 위해서는 교육 정책을 통해 연구자를 배출해야 하며, 연구자들의 배출은 학술 정책에서 지식 생산과 유기적으로 연계되어 이루어진다.[4]

이러한 개념에 비춰 보면 학술 정책은 순수 학문과 실용 학문의 협

---

1 2013년 3월 23일 개정된 학술진흥법 제2조 1항에 의하면 "학술"이란 학문의 이론과 방법을 탐구하여 지식을 생산·발전시키고, 그 생산·발전된 지식을 발표하며 전달하는 학문의 모든 분야 및 과정을 말한다.

2 서울대학교 교육연구소, 『교육학용어사전』, 하우동설, 1995, 참조.

3 김필동, 「전환기 한국 지식정책의 현주소: '신지식이론과 BK21사업'을 중심으로」, 『경제와 사회』, 제46권, 비판사회학회, 2000, 263쪽.

4 장세훈, 「학술정책과 연구-교육체제의 변동: '두뇌한국(BK)21사업'을 중심으로」, 『한국사회학』, 제36집(2호), 한국사회학회, 2002, 113-143 참조.

력과 발달을 기초로 한 교육 정책 수립, 인재 양성 그리고 사회 발전으로 수렴될 수 있다. 하지만 현실은 이와 무관하게 학문이 없는 정책만 난무하고 있으니 정말 학문의 지독한 패러독스가 아닐 수 없다.

1960년대 이후 국가 주도 산업화의 과정을 거치면서 체계화되기 시작한 우리나라의 근대적 학문과 고등교육은 국가 관료들의 이해와 필요에 부응하는 실용화가 강요돼 왔고, 그 결과로 한국의 학자 집단은 국가 관료들이 떡고물처럼 던져주는 정부 용역 프로젝트에 길들여지면서 순수한 학술적 가치와 이상을 추구하는 아카데미즘의 전통을 수립하지 못했다. 이러한 척박한 학문적 환경은 2000년대 들어 정부의 신자유주의적 학술 정책에 의해 더욱더 악화되고 있다.

한국에서의 학술 정책은 1979년 학술진흥법이 법제화되고, 1981년 한국학술진흥재단이 발족되면서 체계적으로 수행될 수 있게 되었다. 대학 당국과 연구자들은 이를 통해서 학문 연구의 중심지인 대학의 위상을 강화하고자 하였으며, 정부도 학술 정책의 합리화를 모색했다. 그러나 학술 정책은 여전히 연구자 개인 측면에서 다뤄졌으며, 연구 체제 또는 연구-교육 체제에는 무관심했다.[5]

그러다 1990년대 들어와 신자유주의가 전면화되고 지구화 시대를 맞이하면서 시장 개방과 국가 경쟁력 강화를 위한 학술 정책으로의 변화를 모색하게 되어 현재에 이르렀다. 학술진흥재단의 설립 당시 입법 취지는 학자금 융자 및 연구 지원에 있었지만, 이 시기에 이르면 지식 공동체의 연구 실천 및 지식 생산을 총체적으로 규율하는

---

5 한국학술진흥재단 편, 『한국학술진흥재단 10년사』, 1991, 참조.

제도 관리 시스템으로 그 성격이 변화하게 된다.[6]

김영삼·김대중 정부를 거치면서 정부의 고등교육 정책은 '시장화'와 '경쟁력'이라는 구호 아래 재편되었으며, 특히 노무현 정부에 들어서면서 '지식기반경제'라는 개념 아래 지식 생산을 직접적으로 경제적 자본의 효용성의 문제로 급격하게 연결시키는 사유를 일반화했다.[7]

결정적인 변화를 야기한 것은 1998년 김대중 정권 등장에 따른 지식 정책의 변화였다. 물론 그 시초는 세계화를 모토로 걸었던 김영삼 정권 시기였으며, 1995년 5월 31일 '교육개혁 방안'이 그 출발점이었다.

이후 김대중 정부 시기에는 이른바 '신지식인'이 창출되었는데, 이는 한국 사회 지식인 사회의 교체와 재편의 서막이었다. 부가가치와 시장 경쟁력을 준거로 한 지식인의 기능 변화에 기반을 두어서, 신지식인은 '문화 상품의 생산자'로 여겨졌으며, 신지식인론은 구지식인이 비현실적이고 경쟁력 없는 상상력에 머무르고 있다고 비판했다.[8]

특히, 학술 정책 변화의 핵심은 등재 학술지라는 현실적 수용을 통해서 적나라하게 나타났다. 이러한 변화는 진보적 지식 공동체의 약화로 이어졌고, 진보적 학술 단체 내 구성원이 점차 제도권 학계에 자리 잡게 되자 '전문성' 혹은 '전문적인 연구'가 강조되는 경향으로 나타났다.

이러한 학술 정책의 변화는 통치에 적합한 지식 생산 구조의 신자

---

6 이명원, 「진보적 학술운동의 비판적 성찰과 전망」, 『새로운 진보학술운동의 모색』, 한국사회포럼 2008, 학술단체협의회, 2008, 5쪽.
7 위의 글, 4쪽.
8 김원, 「1987년 이후 진보적 지식생산의 변화」, 『경제와사회』, 제77호, 비판사회학회/한울, 2008, 38쪽.

유주의적 재편에 진보적 지식인 사회가 내부적으로 협력하게 만드는 메커니즘을 강화했다. 이 구조적 메커니즘은 동시에 진보적 학술 운동의 급진적이면서도 대항적인 연구 실천을 은밀하게 간섭하고 규율하는 기능을 하기도 했다.[9] 그 중심에 바로 학술진흥재단이 있었던 것이다.

그 후 학술 정책은 국가가 의제화하고 연구재단에 의해 조형화된 프레임 안에서 기계화된 글쓰기를 자동적으로 수행하게 만들어 연구자들의 자율성을 침해하고 비판적·실천적인 지식인의 재생산 구조를 약화시켜 버렸다. 또한 연구재단의 등장과 함께 연구자들의 연구 방향 및 연구 행위를 제도 관리하는 정책이 일상화되어 현재에 이르렀다.

지난 20여 년 동안의 학술 정책은 공식적으로 창의적 기초연구 지원, 대학 경쟁력 강화 지원, 글로벌 핵심 인력 양성 지원, 학술 연구 정보의 공유 및 확산 지원 등이 그 특징이다.[10]

하지만 이러한 학술 정책이 신자유주의의 전형을 보이면서 대학 사회는 가장 전형적인 신자유주의 이데올로기의 모습을 띠고 있다. 이명박 정부를 뒤이은 박근혜 정부 역시 표면적으로는 '창의교육'을 행동 규범으로 내세우고 있지만 실질적으로는 신자유주의가 지배 규범이고 창의교육은 종속 규범을 이루고 있다. 그런 맥락에서 한국 대학의 학술 정책 역시 신자유주의에 의해 지배되고 있다. 이는 결국 인문·사회과학의 위기로 이어진 것이다.

2013년 3월 정부조직법 개정에 따라 교육과학기술부를 교육부

---

9   이명원, 앞의 글, 4쪽.
10 이태동, 「학술연구지원기관의 조직 설계 방향 및 조직모형」, 『학술정책』, 제2호, 2008, 13-15쪽.

로 변경한 박근혜 정부의 교육 정책은 국정 목표 세 번째에 나와 있는 '창의교육과 문화가 있는 삶'이다. 그런데 이 목표에는 학술 정책이 전무하다고 해도 과언이 아니다. 박근혜 정부가 내세우고 있는 주요 정책은 '효율적인 대학 재정 지원 및 평가 체제를 강화하여 글로컬 지역대학 특성화를 지원하는 한편 글로벌 경쟁력을 갖춘 강한 대학 집중 육성'이다. 추진 과제로는 대학 특성화 및 대학에 대한 재정 지원을 대폭 확대하여 교육 기회 확대 및 교육·연구 여건 개선으로 고등교육 경쟁력 제고, 전문대학을 고등직업교육 중심 기관으로 집중 육성하는 것 등을 삼고 있다. 아무리 살펴봐도 새로운 학술 정책은 찾아보기 어려우며, 예전부터 추진했던 한국연구재단에 의한 지원과 관리 정책이 그 핵심인 것이다.

4 한국연구재단 학술 지원 사업의 문제점[11]

1) 학술 정책과 기초 학문의 위기

(1) 학술 정책의 시장화

학술 정책에 관련한 사람들이 가장 좋아하는 통계 수치 가운데 하나가 SCI(Science Citation Index)이다. 과학기술 관련 SCI 수록 논문

---

11 본 장의 1), 2), 3)절은 지난 2010년 학술단체협의회와 교수신문이 공동 실시한 '인문사회과학 학술 정책' 설문조사 결과를 수정·보완하였다.

지식의 공공성 딜레마

집계에서 한국은 1989년 1,382편에서 2013년 5만 1051편으로 무려 37배의 획기적인 발전을 이뤘다.

국가별 논문 수 합계에서는 미국(37만 8624편), 중국(21만 9281편), 영국(10만 9026편), 독일(10만 2271편), 일본(7만 8447편) 등 상위 5개국이 총 88만 7650편으로 47.4%에 육박하는 비중을 차지했다. 한국은 합계 187만 2847편 중 2.73%를 차지했다.

[표 1] 국가별 SCI 논문 발표 수(2013)

국가명	한국	미국	중국	영국	독일	일본
순위	12	1	2	3	4	5
건수	51,051	378,624	219,281	109,026	102,271	78,447

출처: 미래창조과학부

[표 2] 연도별 한국의 논문 발표 수 및 세계 점유율(단위: 편, %)

	2003	2004	2005	2006	2007	2008
논문 발표수	20,744	24,307	26,446	28,818	29,565	34,353
세계 점유율	1.97	2.17	2.25	2.30	2.23	2.40

	2009	2010	2011	2012	2013
논문 발표수	37,742	41,481	45,588	49,374	51,051
세계 점유율	2.50	2.62	2.68	2.75	2.73

* 2012년 대비 2013년 논문 수 증가율: 한국은 논문 수 상위 30개국 중 중국(16.78%), 호주(8.85%), 포르투갈(7.86%) 등의 순으로 15번째 높은 증가율(3.40%)을 나타낸다.

** 출처: 『뉴스1』(2014. 12. 18. http://news1.kr/articles/?2007611)

실질적인 논문의 영향력을 가름하는 통계치인 논문 1편당 평균 피인용 횟수는 세계 32위에 머물렀다. 2009년부터 2013년까지 5년 동안 논문 한 편당 피인용 횟수는 4.55회로 태국(4.64회)의 뒤를 이었다. 다만 직전 주기(2008~2012년)에 비하면 5.57% 증가한 수치다. 참고로 세계 평균은 5.32회다.

문제는 여기에 있다. 소위 국가 경쟁력 주도자들이 대단히 선호하는 세계 순위 수치로 따져서 SCI 수록 수치는 25년 사이에 세계 29위에서 세계 12위로 껑충 뛰어오른 괄목의 성장을 나타냈다. 그런데 논문 1편당 평균 피인용 수준의 수치는 32위로 OECD 국가 중 하위권에 머물고 있는 것이다.

이 통계의 의미는 명확하다. SCI 논문 게재의 수량적 목표가 어느 정도 달성됐지만 오로지 양적인 성장이었을 뿐이라는 사실을 보여준 통계다. 이 같은 지식의 물량 중심 현상은 연구자 개인보다는 학술 정책의 허점에서 드러난 결과이다. 수치 중심의 양적 성장에는 성공했으나, 비가시적인 지식 기반 연구에 대한 균형적 지원 정책이 미흡했다는 뜻이다.

성과 위주의 산학협동이나 가시적인 국가 경쟁력이라는 엄청난 구호 아래 이론과학 분야 혹은 인문 기초연구 등의 기초학문에 대한 진정성 있는 공공 정책이 소홀해진 것이다. 국학 분야에서조차도 SCI 논문을 특별대우 해줄 정도면 말 다했다.

노벨상 강박증이 학문 정책에도 드러난다. 노벨상 수상을 목표로 특정 학문을 지원하고 특정 그룹을 교육해야 한다는 등의 기이한 정책들이 너무 쉽게 남발되고 있다. 노벨상 수상은 기반 연구가 충분히

지식의 공공성 딜레마

성숙된 과정에서 드러난 빙산의 일각이다. 노벨상을 수상하려는 목적을 갖고 하는 연구는 결단코 성취를 얻을 수 없다.

그나마 박근혜 정부가 2015년 3월 SCI급 논문 게재 건수 위주 평가를 원칙적으로 폐지한다는 방침을 밝혀서 관심을 끌고 있다. 기존의 '양' 중심 평가 체계를 '질' 위주 성과 창출형 평가 체계로 전환하겠다는 것이다. 그동안 R&D 투자 확대에 따른 양적 성과만 이룩했을 뿐 연구성과가 경제적 부가가치 창출로 이어지지 못했다는 평가다. 정부도 이 같은 문제를 인식하고 기획재정부·산업통상자원부·미래창조과학부가 모여 뒤늦게 '정부 R&D 혁신방안' 수립을 고민한 결과인 것이다.

기초연구 지원 체계를 '과제'에서 '연구자' 중심으로 전환하여 연구자 창의성과 역량을 중심으로 평가하고, 연구자 입장에서 실제 필요한 연구기관과 연구비를 지원할 방침이라고 한다. 한마디로 연구자가 제시한 질적 목표에 전문가 정성평가를 실시하겠다는 것이다. 하지만 새로운 방안은 기초연구에 대한 진지한 고민 없이 단기적인 경제 성과 창출 중심으로 마련되었다는 문제점이 있어서 우려스럽다.

(2) 기초학문 마스터플랜이 없다

지난 2005년 국가수리과학연구소가 생겼다. 수학 관련 기초학문 지원 정책의 눈여겨볼 만한 사례였지만 그나마도 융합학의 요소로서 응용수학 분야를 지원하는 정책일 뿐이었다. 수리과학이 그 정도이거늘 인문·사회과학 영역의 기초학문 지원은 말할 나위 없이 척박하다.

기초학문의 위기는 철학, 사학, 문학 등과 같은 특정 인문학 분과 학문의 위기가 아니라, 우리나라 학계 전반에 걸친 인문학적 사고의 위기다. 또한 기초학문의 위기는 전 학문 분야에서 나타나고 있다. 예를 들어, 사회과학 분야에서 사회 이론, 정치사상, 경제사상, 공간 이론, 도시 이론, 문화 이론 등과 같은 철학적이고 이론적인 분야에 대한 연구가 1990년대 이후 급격히 침체되고 있다.

이들 분야에 대한 신규 교수 충원도 어려운 형편이다. 실용적 학문만이 득세하고 순수 이론적인 학문이 위기에 처하는 이러한 상황은 한국의 학문 사회와 고등교육 전반의 발전을 심각하게 저해하는 요인이다.

순수학문의 위기를 초래한 원인에는 여러 가지가 있겠지만, 그중에서도 학자들의 연구 자율성을 저해하는 정부의 학술 및 교육 정책의 문제를 지적할 수 있다. 특히, 국가와 시장으로부터의 이중적 지배를 강화하는 현재의 학술 및 교육 정책은 연구자들이 순수 학술 활동과 기초연구보다는 국가 지배 엘리트와 자본의 이해와 필요에 부응하는 단편적이고 실용적인 연구에 내몰리게 강요하는 중요한 요인이 되고 있다.

물론 인문한국(HK)사업, 중점연구소, 토대연구 등 엄청난 인문 기초 지원이 현존하고 있지만 그 전체 지원 규모는 미미한 수준이다. 인문학 지원 규모는 공학 부문에 비해 매우 부족하지만 보다 중요한 것은 인문학에 대한 마스터플랜이 없다는 점이다. 인문한국사업을 미래 한국을 위한 인문학 마스터플랜 혹은 그 일환이라고 보는 학자들은 아무도 없다.

또한 인문한국사업이 진행되면서 원래 실행 목표였던 학문 후속 세대의 안정적 연구 상황이 이루어지지도 않았다. 연구자 간 경쟁 체제를 요구하는 기존 지식 권력 구도에서 벗어날 수 없는 현존 비정규교수들이 향후 안정된 연구 지위를 보장받은 것도 아니고, 소신껏 자기가 하고 싶었던 주제를 연구하고 논문을 발표할 수 있는 것도 아니다. 정규직으로의 전환이라는 고용안정을 약속했지만 이를 준수한 대학은 거의 없다. 창의적 지식 생산을 위한 석·박사 후학들과의 중간 매개 역할도 어려워졌다. HK라는 폭풍의 배를 탄 비정규교수의 수도 매우 적은 현실을 보면 좋아진 것을 찾아보기 어렵다.

인문학 마스터플랜의 부재만이 아니라 기초학문 일반에 대한 국가 차원의 장기 계획이 없다는 점도 학술 정책에 있어서 최악이다. 지식이 자본의 시녀임을 당당하게 표방하는 신자유주의 사회에서 기초학문이 설 자리를 찾기란 어렵다.

지식을 이념의 도구로 삼는 일, 가시적인 실적 위주, 기성학자들의 권위주의, 자본화된 지식권력주의의 망령에서 벗어나지 않는다면, 우리 학문의 마스터플랜은 공허한 말로 들릴 수 있다. 한국의 정책적 학술 지원 규모는 상대적으로 크게 증가했다. 지원 정책 체계가 향상됐다는 점도 인정해야 한다. 문제는 그런 증가된 물적 규모가 적시적소에 활용되고 있지 않다는 데 있다. 기초학문에 대한 마스터플랜의 부재 때문이다.

지식의 시장화를 선도하는 애플의 스티브 잡스가 아이패드를 발표하는 자리에서 한 말이 있다. "우리가 아이패드를 만들 수 있었던 이유는 항상 기술과 인문학의 갈림길에서 고민해 왔기 때문입니다."

길게 보면 기초학문이 오히려 더 실용적이라는 말이다.

2) 학문 생산과 학문 적실성의 위기

한국 대학에서 박사학위 논문은 그것을 쓴 사람의 '최초이자 최후의 대작'이 된다는 뼈 있는 농담이 있다. 이것은 개개인의 문제가 아니라 사회적인 문제라는 것이다.

박사학위 논문이란 독립적인 연구 및 저술 활동을 할 수 있는 학자가 되기 위한 통과의례로, 말하자면 운전면허와 같은 것이다. 그렇다면 실제 운전을 할 때에는 면허시험을 치를 때보다 운전 실력이 느는 것이 자연스럽듯이, 박사학위 논문보다 그 이후의 논문들이 더 뛰어난 것이 자연스러울 것이다.

사실 서구에서도 박사학위 논문이 뛰어난 학문적 기여를 하는 경우는 흔하지 않으며 서구 학자들의 대표작들도 박사학위 논문에서 문제의식이 발전되고 확장된 것인 경우가 많다. 반면에 한국에서는 박사학위 취득 이후 후속 연구의 질이 오히려 떨어지는 경우가 자주 목격된다.

주변에서 흔히 볼 수 있는 다음과 같은 사실들, 즉 수십 년이 지나도 대개 자신의 전문 분야가 종종 박사학위 논문 주제에 의해서만 규정되는 경우, 자신의 박사학위 논문에 버금가는 학술서가 없는 연구업적, 아직 공식적으로 독립적인 학자의 자격을 얻지 못한 대학원생의 석사학위 논문이 지도교수의 논문보다 더 낫다는 우스갯소리 등이 이를 예시한다.

지식의 공공성 딜레마

이와 관련한 또 하나의 문제는 이론적 혁신이나 널리 인용될 수 있는 학술적 기여를 담은 연구 결과를 찾아보기가 쉽지 않다는 것이다. 학위논문들을 제외하면 매년 쏟아져 나오는 연구 결과들 대부분이 기존의 연구를 실질적으로 진보시키거나 반박하는 독창적인 연구보다는 외국 이론의 소개, 기존 이론의 경험 연구에의 적용, 또는 그다지 참신하지 않은 경험적 사실의 발견 등으로 이루어져 있다.

물론 두 가지 반론이 있을 수 있다. 하나는 '정상적'인 과학 활동이란 패러다임이 제시하는 문제를 푸는 활동으로서 대부분 혁신적이기보다는 사소한 연구로 구성돼 있기 마련이라는 것이다. 그러나 패러다임 내부에서도 혁신과 질적 도약이 있을 뿐 아니라, 특히 인문·사회과학에는 단일 패러다임이 지배하는 일이 거의 없기 때문에 패러다임은 혁신과 독창성의 부재에 대한 변명이 될 수 없다.

다른 하나의 반론은 한국 학계에 독창적인 이론이 전혀 없는 것도 아니고 학술적 기여가 큰 논문들이 없는 것도 아니라는 것이다. 그러나 독창적이거나 학술적으로 유의미한 연구들이 있다고 하더라도 그러한 성과는 대개 학계에서 인정받지 못한다. 권위 있는 평가 주체가 존재하지 않기 때문이다. 패러다임에 고유한 문제를 푸는 활동들의 학술적 가치가 인정받지 못하고 있기 때문에 한국의 인문·사회과학은 패러다임적 활동조차 잘 수행하지 못하고 있다고 할 수 있다.

그렇다면 왜 한국의 인문·사회과학계는 박사학위 논문보다 후속 연구가 미치지 못할 뿐 아니라 독창적인 연구는 고사하고 주어진 패러다임에서의 정상적인 학문 활동조차 어려운, 이러한 '비정상적'인 상황에 빠져 있을까. 상당히 광범위하게 나타나고 있는 이러한 현상을 단순히 개개인의 탓으로만 돌릴 수는 없다. 한국의 고유한 학술 문화, 연구에 집중하기 힘든 대학 환경, 서구 이론에 대한 의존 등 여러 가지 요인이 있을 것이다.

문제의 핵심은 국가의 학술 정책이 오히려 이러한 문제를 심화시키는 요인으로 인식되고 있다는 것이다. 한국연구재단 이외에 연구비의 원천이 제한돼 있을 뿐만 아니라 연구지원 사업 선정에 비정규 교수들의 생계가 달려 있는 상황에서 연구재단의 연구지원 사업 경향에 맞추는 연구는 확대될 수밖에 없다.

문제는 이에 따라 전반적인 연구 방향이 학계 내부의 고유한 문제의식이 아니라 학계 외부에서 주어지는 문제와 수요에 맞추어지고 연구역량의 완전한 발휘와 발전이 제약된다는 것이다. 이에 더해 매년 등재(후보)지 게재라는 양적이고 단기적인 연구결과 평가는 연구의 시간 지평을 단축시켜 장기적이고 근본적인 연구보다는 단기적이고 피상적인 연구를 촉진할 위험을 가지고 있다. 그 결과 밀스(C. W. Mills)가 개탄한 것처럼 '사실이기는 하지만 중요하지 않은' 주장을 담은 연구가 '중요하기는 하지만 항상 사실이지는 않은' 주장을 담은 연구를 밀어낸다.

3) 대형 과제 및 집단 연구 문제

그동안 인문·사회과학 분야 연구비 지원에 대한 정부의 인식이 전향적으로 바뀌어 왔고, 연구비 지원 규모 또한 양적으로 확대됐다. 그러나 연구비 지원에서 상대적으로 소외됐던 인문·사회과학 분야

연구자들의 원성을 한꺼번에 만회라도 하려는 듯 연구비 지원 규모가 대형화되고, 따라서 주로 개별 연구보다는 집단 연구 중심으로 지원되고 있는 것에 대해서는 창의적이고 독창적인 연구성과의 산출과 다양한 학문적 관점을 갖는 신진 연구 인력의 양성이란 측면에서 다시 한 번 재검토해 볼 필요가 있다.

(1) 대형 과제의 비경제성

현재 한국연구재단이 지원하고 있는 집단 연구 사업은 대학중점연구소, 학제간융합연구, 토대연구, 인문한국(HK)지원, 사회과학연구(SSK) 지원 등이다. 이들 집단 연구에 대한 연구비 지원 규모가 대형화되면 많은 개별 연구자들에게 연구비가 배분되는 경우보다 행정적 수고를 줄일 수 있고 연구성과에 대한 비교, 평가가 수월해질 뿐만 아니라 연구집단 간 경쟁을 통해 지원에 따른 책임을 명확히 물을 수 있다는 장점이 있을 수 있다.

집단 연구는 보통 대형 과제이면서 장기간 연구를 필요로 한다. 인문한국(HK)지원, 사회과학연구(SSK)지원이 인문학과 사회과학 분야의 대표적인 장기 대형 사업이다. 모두 최대 10년간 연구 지원이 이루어진다. 영역별 약간의 차이는 있지만 비정규교수들에게 장기 대형 과제는 긍정적인 편이다. 그것은 장기 대형 연구 과제가 장기적이고 안정적인 연구를 가능하게 하기 때문이다. 근본적인 해결책은 아니지만 고용 문제에 도움이 된다는 평가가 일반적이다.

그러나 이러한 장점 못지않게 연구비를 지원받는 개별 연구자 입장에서 간과할 수 없는 부작용 또한 심각하다. 첫째, 불필요하게 많은 연구역량이 투입되고 있다. 연구비 규모가 커지고 연구조직이 대형화함에 따라 당연히 행정적 업무와 이에 대한 부담이 커질 수밖에 없다. 더욱이 대부분의 사업이 연구소 혹은 연구조직의 사업성과에 대한 연차별, 단계별 평가를 통해 지원 규모 및 지원의 계속 여부를 결정하기 때문에 연구 이외에 교육, 홍보, 학술대회 및 국내외 연구 네트워크 조직 등 높은 평가를 획득하기 위한 사업들을 기획하고 집행하는 데 많은 시간이 투여되고 있다. 또한 매년 한 차례 이상 제출해야 하는 연차별, 단계별 보고서의 작성과 한국연구재단 등으로부터 수시로 요구받는 이러저러한 자료 제출 요구에 연구자들은 항상 시달릴 수밖에 없다. 지원 규모가 커질수록 행정적 노력과 비용 또한 커질 수밖에 없는 '규모의 비경제성'이 나타났다.

둘째, 개별 연구자의 독창적 연구가 매우 제한적이다. 개별 연구자가 대형화된 사업단을 통해 연구비 지원을 받는 한 자신의 독창적 연구보다는 지원사업과 사업단이 요구하는 연구 주제에 우선순위를 둘 수밖에 없다. 또한 사업단은 연구성과를 관리하기 위해 매년 개별 연구자의 양적 연구성과를 점검하고 더 높은 연구성과를 독려할 수밖에 없다. 모든 연구성과가 사업단이나 연구조직의 양적 성과지표로 환원돼 평가되는 상황에서 개별 연구자가 연구의 독창성과 자율성을 발휘하기란 매우 어려운 일이며, 장기 대형 연구과제를 수행하고 있음에도 불구하고 정작 개별 연구자 자신은 장기 연구를 수행하기 어려운 역설이 나타나게 된다.

셋째, 대규모 연구비가 지원되고 있어서 지금 당장은 많은 연구자들이 연구비 혜택을 받고 있음에도 불구하고, 개별 연구자들의 신분과 미래는 여전히 불안하고 불투명하다. 개별 연구자들이 조직에 대한 소속감을 갖고 안정적으로 연구에 몰두하기 위해서는 연구 기간 동안의 지원이 있은 이후 자신이 속한 연구조직의 미래가 어떻게 될 것인가에 대한 예상이 가능해야 하는데, 대부분의 경우 이에 대한 인식의 공유가 이루어지지 않고 있다.

(2) 불명확한 집단 연구의 목표

연구재단에서 지원하고 있는 집단 연구 중심의 대형 연구과제는 대부분 대학 연구소의 역량 강화와 국내외 연구자들 간 협력의 활성화, 그리고 역량 있는 신진 연구 인력의 육성 등을 목표로 하고 있다.

그러나 여러 가지 이유들로 인해 장기적으로 이러한 목표들을 성취할 수 있을지 회의를 갖지 않을 수 없다. 무엇보다 집단 연구 중심의 대규모 연구지원 사업의 일차적 목표가 대학 연구소의 육성 및 집단 연구의 활성화에 있는지, 아니면 신진 연구 인력의 육성과 기초학문의 보호에 있는지가 불분명하다. 대학 연구소의 육성과 집단 연구의 활성화를 통해 신진 연구 인력의 육성 또한 가능하다고 생각할 수도 있지만, 현재까지의 결과로만 보자면 정부 지원이 지속되지 않는 한 대학 연구소 등 대규모 연구비 지원을 받고 있는 대부분 연구조직들의 미래는 여전히 불투명할 뿐만 아니라 개별 연구자들의 독창성과 창의성 또한 충분히 발휘될 수 없다.

지금 당장의 연구성과보다는 학교의 장기적인 지원 및 육성 의지,

그리고 관련 학과의 장기적 발전 방향과 연계된 연구소나 사업단의 발전 방향 등이 중요한데, 이러한 문제들에 대한 연구자들 간 합의가 이루어지지 않으면 지금 당장의 대규모 지원에도 불구하고 개별 연구자들의 신분과 미래는 늘 불안정할 수밖에 없다. 이럴 경우 현재의 대규모 연구지원 사업은 불안정 노동과 신분 불안에 놓여 있는 많은 연구자들의 생계를 유지해 주기 위한 수단으로밖에는 의미를 갖지 못할 것이다.

4) 배제된 학문 후속 세대

한국연구재단의 2015년 사업에서 예년과 비교해 가장 크게 달라진 점은 연구자의 생애주기에 따라 신청 자격과 업적 요건을 조정했다는 것이다. 이러한 변화는 '연구자 생애주기에 따른 안정적 연구 환경 조성을 통한 국가 연구력 강화'를 기대한 것이다. 특히 지원 자격을 확대해 문호를 개방했다. 2015년 공지된 사업 내용을 보면, 조교수 임용 후 5년 이내의 대학 교원에 한정했던 신진 연구자 지원 자격은 조교수 임용 5년 미만인 자 혹은 박사학위 취득 후 5년 이상 10년 미만인 연구자로 확대됐음을 알 수 있다. 중견 연구자 지원 자격은 신진 연구자를 제외한 모든 연구자에서 조교수 임용 5년 이상인 자 혹은 박사학위 취득 후 10년 이상인 연구자로 가다듬었다.

하지만 이러한 변화는 형식에 불과하며 실질적인 내용 변화는 찾아볼 수 없다. 먼저 '정액 연구' 부분에서 월 40만 원의 학술 활동 수당을 제외한 나머지 부분에 대해 영수증 내역을 보고해야 하는 것으

지식의 공공성 딜레마

로 변경했다. 이것은 실질적으로 지원받을 수 있는 금액이 40만 원으로 한정되기 때문에 비정규교수는 신진·중견 연구자 지원 사업에 신청하지 않게 될 것이며, 따라서 자연스럽게 신진 연구자와 중견 연구자 지원 사업은 조교수 이상의 대학 교원용 사업으로 변질될 것이다.

비록 연구비 항목 중 '전문 연구원 인건비' 항목으로 월 170만 원의 인건비를 신청할 수 있지만, 이 정도 수준의 인건비는 기본적으로 생활할 수 있는 임금 수준에는 한참 미치지 못한다. 따라서 비정규교수들은 전문 연구원 인건비, 시간강사 지원 사업, 저술 지원 사업 등 과거와 전혀 변화가 없는 동일한 선택을 하게 되었다.

결국 2015년도 한국연구재단의 인문·사회 분야 학문 후속 세대·개인 연구 사업을 보면 여전히 비정규교수와 독립 연구자를 철저하게 소외시키고 있다. 아직도 신진 연구자, 우수 학자, 중견 연구자 지원 등 개인적 연구는 대학에 소속된 전임 교원 중심으로만 할 수 있다는 논리가 성립된다. 대학 구조 조정으로 연구 환경이 매우 열악한 비정년 트랙 전임 교원이 급증하고 있지만, 학문 후속 세대는 앞으로도 그냥 지속적으로 학문 후속 세대로 남게 되었다.

5) 연구재단의 사업 구성 문제[12]

2015년 현재 한국연구재단의 학술 연구지원 사업은 크게 ① 인력

---

[12] 신희영, 「한국연구재단의 지원 사업의 문제점과 개선방안에 대한 제언」, 『경제와사회』, 제103호, 비판사회학회/한울, 2014, 90-93쪽 참조.

양성 ② 개인 연구지원, ③ 공동 연구지원, ④ '성과 확산' 지원, ⑤ 집단 연구, ⑥ 국제 교류 지원, 그리고 ⑦ 학술 활동 및 연구 윤리 강화 활동 지원 등으로 나누어진다.

여기서 개인 연구지원 사업은 다시 ① 신진 연구자 지원, ② 우수 학자 지원, ③ 중견 연구자 지원, 그리고 ④ 박사후 국내 연수자와 학술 연구교수 및 시간강사들에 대한 지원을 포함하는 '학문 후속 세대'에 대한 지원 사업으로 나누어진다.

이들 사업 중 신진 연구자, 우수 연구자, 그리고 중견 연구자들에 대한 지원 사업이 2015년부터 조금 달라졌다. 신진 연구자 지원 사업의 경우 신청 자격 요건이 국내 대학의 조교수 이상에서 박사학위 취득 후 5년 초과 10년 이내 연구자로, 중견 연구자 지원 사업은 박사학위 취득 후 10년 초과 연구자로 완화된 것이다.

이러한 변화는 그동안 이들 사업에서 소외된 비정규교수들에게도 기회가 제공되었다는 점에서 기대를 갖게 했지만, 정액 연구를 제외한 나머지 사업에서는 인건비가 매우 적어 비정규교수들의 신청이 제한적이어서 생색만 낸 전시 행정에 불과하였다.

무엇보다 토대연구지원사업과 기초학문자료센터(KRM)지원, 명저지원사업 등은 한국의 인문·사회과학 발전과 장기에 걸친 연구의 활성화를 위해서 대단히 중요한 사업들이다. 그런데 과거 '한국학술진흥재단' 시절에 비해 현재 한국연구재단의 명저지원사업의 규모는 대폭 축소되어 왔고, 2015년 현재는 아예 저작권에 구애받지 않는 퍼블릭 도메인(public domain) 저서들로 명저번역지원사업의 대상을 한정하고 있다. 그러나 동서양의 명저를 정부 지원하에 체계적으로 번역하고 후세대에 전수하는 것만큼, 그리고 국내외의 연구 논문과 학술 저서들을 체계적인 데이터베이스로 구축하고 이에 대한 접근성을 높이기 위해 각종 인프라에 끊임없이 투자하는 것만큼 중요한 과제는 없다.

이에 비추어 볼 때 '성과 확산' 사업 가운데 큰 비중을 차지하고 있는 '우수논문지원사업'과 '저술출판지원사업'의 취지가 여전히 유효한지 의문이다. 특히 우수논문지원사업은 그 사업의 취지와 성격이 모호하고, 개인 연구지원 세부 사업들이나 공동 연구지원 세부 사업들을 고려할 때 불필요하게 중복되는 것은 아닌가 하는 의구심을 떨쳐버릴 수 없다.

다른 한편, 만약 상대적으로 독자층이 적을 수밖에 없지만 사회적으로 중요한 의미를 지닌 인문·사회과학 저술 활동을 독려하고 지원한다는 차원에서 저술출판지원사업이 필요하다면, 연구재단은 정부의 유관 부처와 협력하여 한국의 학술 출판 시장 전반의 환경 개선과 도서관 건립 등을 포함한 인프라 구축 사업을 위해 추가적인 노력을 기울여야 할 것으로 보인다.

이와 더불어 연구재단이 이미 선정한 특정한 연구 의제를 선도적으로 연구할 집단을 선정해서 지원하는 사업도 존재하고 있다. 예를 들어, 2014년 현재 한국사회과학연구지원사업(SSK)은 연구재단이 설정한 연구 의제[13]대로 연구 사업을 진행할 연구 집단을 공모하고,

---

13 2014년에 선정된 5대 연구 의제를 보면 문제의 심각성이 커진다. 여기에는 '지방화와 상생 발전', '삶의 질과 국민 행복', '보수와 진보의 동반자 관계 형성', '미래지향적 교육/연구', '창조 경제와 국가경쟁력'과 같은 연구 의제가 선정되어 있는데, 이 모두가 박근혜 정부가 내걸었던 정체를 알 수 없는 모호한 정치 구호와 사실상 같은 것이기 때문이다. 이처럼 '위에서 아래로

선정 집단에게 연구비를 지원하는 대표적인 사업이다. 이 같은 사업 방식은 인문·사회과학 연구의 활성화가 아니라 사실상 연구 하청 사업에 불과한 것이다. 한국에는 이미 정부 부처별로 산하 국책 연구 기관이 다수 존재하고 있고, 이 연구기관의 예산과 운영에 정부 부처가 결정적인 영향력을 행사하고 있다.

따라서 한국연구재단까지 나서서 탑 다운(top-down) 방식으로 하청 연구 기관을 물색할 하등의 이유가 없다. 국정 과제를 모토로 내건 연구재단 사업에 연구자들의 참여는 비민주적이며 비자율적이다. 그럼에도 더욱 심각한 문제는 2015년에는 그나마 신규 과제가 2개로 대폭 축소되어 사회과학 분야의 집단 연구 통로를 철저히 막았다는 것이다.

5 과제: 새로운 학술 정책이 필요하다

'대학의 위기', '학문의 위기' 담론은 이제 식상할 만큼 오랜 기간 동안 논란이 돼 왔다. 하지만 위기 상황을 타개할 만한 특단의 대책은 도입되지 않았다. 인문·사회과학의 위기 상황은 시장에 의해 촉발됐으며, 국가는 일관된 경제주의 관점과 신자유주의 경제 정책으로 시장의 압박을 엄호하는 역할을 해왔다. 그 결과 인문과학의 위기, 사회과학의 위기 상황은 아직도 계속되고 있다.

내리 먹여지는' 현재의 사회과학지원사업은 비판성을 핵심으로 하는 민간의 인문·사회과학 연구를 발전시키기는커녕 오히려 질곡하게 될 것이다.

지식의 공공성 딜레마

물론 지난 10여 년 동안 한국연구재단을 중심으로 학술 연구지원 사업은 예산을 확대하고 연구과제 심사 과정의 투명성과 절차적 공정성을 더해 가며 일정 정도 제도화되는 성과를 거둔 것이 사실이다.

학계에서는 그러한 성과에 대한 긍정적 평가에 기초해 학술 정책의 발전을 위해 비판과 함께 정책 대안들을 꾸준히 제시해 왔다. 하지만 학술 정책의 진보는 계속되지 않았다. 특히, 한국연구재단의 출범과 함께 학술 정책의 퇴보에 대한 우려의 목소리들이 커지고 있다.

결론적으로 말하자면 인문·사회과학은 위기이며 정부의 학술 정책은 학문의 위기 상황을 타개할 의지도 역량도 결여하고 있다는 것이다. 연구재단은 인문·사회과학 위기를 확대 재생산하고 있을 뿐만 아니라 위기 해결 능력은 고사하고 자정 기능조차 지니지 못한 것으로 의심받고 있는 실정이다.

인문·사회과학 연구자들은 연구지원 사업을 통해 정부의 학술 정책을 집행하는 연구재단을 시장의 암시와 국가권력의 지시에 홀린 선무당 정도로 평가절하하고 있다. 이러한 현상은 연구자들을 위해서도 바람직하지 못하다. 연구재단이 시장이나 국가권력보다 공익을 우선시하고, 단기적 성과가 아니라 학문의 장기적 발전 전망에 입각해 학술 정책을 수립·집행하도록 압박하는 것은 연구자들의 몫이다.

앞서 지적한 문제들을 해결하기 위한 '전제'는 장기적 관점에서 인문·사회과학 일반에 대한 마스터플랜을 마련할 독자 기구 설치와 이의 독립성을 보장하기 위한 법적 장치의 마련이다. 먼저 미국이나 영국 등과 유사한 인문·사회과학 지원법을 법제화시켜야 한다. 미국의 '인문예술국가기금법' 등 여러 가지 사례를 참조해 인문·사회과학에 대한 인적·재정적 지원의 안정화를 기하는 동시에 창의성, 자율성, 민주주의 및 사상의 자유 등을 제도적으로 보호할 수 있도록 법제화해야 한다.

둘째, 연구재단과 같은 사업 프로그램 위주의 연구지원 기구가 아닌, 인문·사회과학 분야의 학문 정책을 수립, 법제화할 수 있는 정부로부터 자율적인 '한국인문사회과학연구위원회'가 필요하다. 이 위원회를 통해 인문·사회과학 발전 및 지원 마스터플랜 입안 등 커다란 학문 정책 및 지원 방향을 결정하고 대학, 학회 등 학계와 전문가 등으로 구성된 자문기구인 '전국인문사회과학위원회'를 구성, 장기적인 인문사회과학 연구가 지향해야 할 사회적 가치에 대한 공론화를 모색하는 한편 장기적이고 전략적인 연구 및 사전 기획 등이 필요한 토대/기초학문, 국내외 연구 흐름 등을 공정하게 검토하고, 의견을 제시할 수 있도록 해야 한다.

이와 함께 연구재단은 학술 정책 기획·집행의 자율성을 확보하기 위해 사회적 규제를 실현하는 방향으로 지배구조를 개편해야 한다. 현재 연구재단은 예산과 조직의 비대화 및 독과점 문제가 심각하다. 또한 학문에 대한 획일화와 대학에 대한 지나친 통제로 작용하고 있기 때문에 지배구조 개편은 반드시 선행되어야 한다.

다양한 학문적·이념적 관점의 인문·사회과학 연구자들이 지배권을 공유하고 의사결정 과정에 참여함으로써 연구재단은 국가권력의 개입을 차단하고 자율성을 확보하며 학문 발전을 통한 공익 봉사

지식의 공공성 딜레마

에 매진할 수 있고, 학술 활동에 대한 정치적·이데올로기적 통제 기구라는 오해도 불식시킬 수 있을 것이다.

셋째, 현재 사업별로 구성된 연구지원 구성은 수요자인 연구자 중심으로 전면 재편돼야 한다. 그 기본 방향은 두 가지다. 하나는 그 성격이 겹치며 문제점으로 지적돼 온 대형·장기 연구지원의 최소화다. 기초연구, 토대연구, 융합연구, 인문한국 등 대형화된 연구들은 '한국인문사회과학연구위원회'의 사전 연구를 통해 연구 아젠다를 전략적으로 설정, 안정적인 연구역량 기반이 마련된 대학·기관·학회 등을 중심으로 최소한의 전략적 단위에서 연구 작업을 수행해야 한다.

반면, 장기 개인 연구의 대폭 확대가 필요하다. 연구자들은 일회성 프로젝트보다 장기적이고 안정적인 법적 제도의 창설을 선호하고 있다. 특히 비정규교수들의 문제 해결을 위해 '연구강의교수제'나 '국가교수제도' 등의 명칭으로 정부와 대학이 공동 운영하는 제도를 법적으로 마련해야 한다. 이를 통해 선발된 개인 연구자는 대학 내 교육과 연구를 담당하며 10년(3년+3년+4년)간 정식 교원으로서 법적 지위를 보장받도록 하며, 이를 현실화하기 위한 예산의 확충을 통해 선정률을 60%대로 상향시켜야 한다. 다만 단계별로 개인 연구자의 교육과 강의, 연구 업적에 대한 평가를 통해 최소한의 기준을 마련하도록 한다.

넷째, 연구지원 방향은 저서와 역서에 대한 지원 및 평가 폭을 확대하는 것이다. 그간 SCI, 등재지 등을 중심으로 한 연구 결과물 지원은 등재지 논문의 양적 확산을 가져왔다. 반면 장기적이고 개인적 연구 성향이 강한 수준 높은 저서/번역서는 약화되었다. 이런 문제를 극복하기 위해, '우수저서지원'(사전/사후), '우수번역서지원' 등 다양한 저술의 지원 장려가 필요하다.

지금은 무엇보다 학문 후속 세대와 학문 공동체, 나아가 학문 생태계를 보호하는 일이 매우 시급하다. 그래서 대학에 희망을 만들어야 한다. 지금 인류는 새로운 기회와 위기를 동시에 맞고 있다. 우리가 우려하고 있는 시장화, 상품화, 이기주의, 생명 경시 등 비인간화 문제로 새로운 삶의 방향에 대한 기회와 위기를 동시에 맞고 있는 것이다.

이러한 삶의 환경에서 미래의 방향과 비전을 제시할 수 있는 곳이 대학이다. 대학은 본래 고된 노동과 질병 그리고 억압과 불평등으로부터의 해방을 위한 수많은 지식과 이론을 생산하고 전달하였다.

그런 의미에서 대학을 진보적 삶을 위한 탈물질주의, 코뮨주의, 생태주의 등 새로운 시대를 위한 협동적 덕목을 가진 인재를 양성하는 곳으로 탈바꿈시켜야 한다. 대학의 진보적 가치는 인류의 보편적 삶을 주도하는 인재 양성에 있다는 자명한 논리를 진보적 지식인들이 명심해야 할 것이다.

지식의 공공성 딜레마

제3장

학술 연구논문
오픈액세스(OA)
제도와 공공성

김영수

✝ 지식 재화는 사회적 관계의 다양한 가치를 보유한 상태에서, 국민의 삶 조건과 밀접하게 융합된 공공적 담론의 수단이었다. 그런데 역사적으로 '공공성'의 이데올로기적 헤게모니를 둘러싼 투쟁은 지속되었다. 국가는 '공동선 혹은 공동의 이익' 등을 내세워 지배계급의 공공성을 추구해 왔고, 국민은 '삶 조건'과 연계된 권리 주체의 공공성을 지향해 왔다. 그래서 필자는 이 글을 통해 '공공성'의 이중성에 착목하여, 학술논문의 공공성 논리를 토대로 무상 OA 제도의 다양한 논점을 정리하고, 학술논문 및 지식 재화의 사회적 공공성을 실현하기 위한 정부와 공공 기관의 정책적 프레임을 제기함과 동시에, 학술논문 및 지식 재화를 생산한 개인적 주체와 사회적 주체의 권리를 융합시키려 한다. 그리고 이 글은 2013년 중점연구과제에 대한 한국연구재단의 지원 사업의 도움으로 완성되었다.(NRF-2013S1A5B8A01055117).

1 문제의식

지식 재화는 동서고금을 막론하여 지식인의 로고스이기도 하고, 타자의 감정에 영향을 미치는 에토스이기도 하였다. 많은 사람들은 다양한 지식 재화를 이용하여, 사회적 관계의 이성과 감정을 자기화하였다. 그래서 지배 세력은 수많은 지식인과 지식 재화를 동원하거나 포섭하여 권력의 공공성을 획득하거나, 저항하는 지식인 때문에 권력을 상실하기도 하였다. 지식 재화는 사회적 관계의 다양한 가치를 보유한 상태에서, 국민의 삶 조건과 밀접하게 융합된 공공적 담론의 수단이었다. 현대 정보사회는 다중 지성의 디딤돌을 구축하고, 사회 구성원 간에 지식 재화의 보편적 공유 체제를 구축해 나가고 있다.

그런데 다양한 부문이 공공의 영역에서 벗어나기도 하고, 새로이 진입하기도 한다. 최근 학술 연구논문의 생산과 소비, 그리고 유통관리가 공공적으로 이루어져야 한다고 하면서, 학술논문 OA 제도의 정당성을 공공성에서 찾기도 한다.

문제는 공공성을 이야기하는 사람마다, 혹은 공공성을 추구하는 계급적 주체마다 그 의미를 서로 다르게 사용하고 있다는 점이다. 그 대상이나 영역도 너무나 다양하다. 중앙·지방 정부가 소유한 각종 기관의 공공성, 의료공공성, 교육공공성, 환경공공성, 에너지공공성, 복지공공성, 정치공공성, 경제공공성 등이다. 이제는 지식 재화[1]의 공공성도 제기되었다.

일반적으로 사회 구성원 모두가 생활을 유지하거나 삶의 질을 향상시키기 위해 필수적으로 소비할 수밖에 없는 재화들이 있다. 지식 재화도 인간의 생존에 필수적인 것이다. 인간은 삶 조건의 변화에 맞서 사고와 행동을 바꾸면서 살아가는데, 그 기반은 지식 재화이다.

그런데 각각의 사회적 영역에 존재하는 공공 재화의 성격이 동일하지 않을 뿐만 아니라 수시로 변하기도 한다. 공적 자본만이 아니라 사적 자본도 사회적 영역에 공공 재화를 공급하기도 하고, 공공 재화였던 것이 사적 재화로, 또는 사적 재화였던 것이 공공 재화로 변하기도 한다. 공공 재화로서의 성격을 유지하다가도, 소유 및 지배구조에 따라 그 성격을 바꾸기도 한 것이다. 또한 공적인 소유 및 지배구조가 사적으로 변하더라도 재화의 공공적 성격이 지속되기도 한다.

---

1   이 글에서는 지식 재화와 학술논문을 같은 의미로 쓰고 있지만, 상세하게 규정하면 그 의미가 다르다. 지식 재화는 소위 지식인들이 생산한 다양한 재화를 모두 포함하지만, 학술논문은 논문 형식의 연구성과물로 제한하여 쓰고 있다.

지식의 공공성 딜레마

그리고 재화의 생산과정은 공공 재화로서의 성격을 상실하였지만, 그 재화가 공공 재화로서의 성격을 유지하면서 소비될 수 있다. 이러한 현상의 정반대 관계가 성립하기도 한다. 공공성이 사회적으로 보편화된 담론이라 할지라도, 그 의미를 과학적으로 규명하기 어려운 요인이다.

지식 재화의 대표적인 것은 저서, 연구논문, 기술개발 특허 등이다. 물론 이러한 지식 재화는 역사적으로 존재해 왔던 사회적 자원을 기반으로 하지만, 생산과정에 투여하는 비용은 공공 기금일 수도 있고, 개인 역량의 투여일 수도 있다. 그런데, 공공 기금으로 생산된 연구 성과물을 무상 접근하게 하는 것이 공공성이라고 하면서, 학술논문의 무상 OA 제도를 정착시켜야 한다고 주장한다.[2]

그러나 공공 기금이 투여되어 생산되었다는 것만을 근거로 제시한다면, 국가를 중심으로 하는 공공성의 딜레마에 빠지게 된다. 일상생활의 모든 요소들이 공공 기금과 밀접하게 연계되어 있다는 점을 전제로 한다면, 그러한 공공성은 사회 구성원들에게 모든 재화를 무료로 제공해야 한다는 논리적 딜레마인 것이다. 정부가 공공 기금으로 운영되고 있다는 점을 고려해서, 국가 및 공공 기관은 공공성의 딜레마 상황을 만들어서는 안 된다. 사적 소유권을 최고의 가치로 여기는 자유민주주의 체제에서, 그 가치를 무시하면서까지 무상의 논리로 공공성의 딜레마 상황을 만들 필요가 없는 것이다.

---

2 홍재현,「국내 학술지 논문의 오픈 액세스와 아카이빙을 위한 저작권 귀속 연구」, 2008;정경희,「국내 학술지 웹DB 구독료 현황과 오픈 액세스에 대한 사서의 인식」, 2010;임석종,「국내 학술정보의 오픈 액세스 운동」, 2010;김형순 외,「국내 학술지 발전을 위한 차세대 학술지 지원 로드맵 수립 연구」, 2013;김소형,「한국연구재단 오픈 액세스 현황 및 추진 계획」, 2012;김규환,「국내 학회의 OA수용과 추진 방식에 대한 제안」,『정보관리학회지』, 31권 3호, 2014.

그래서 시론적 수준이라 할지라도, 학술논문의 공공성 논리를 토대로 무상 OA 제도의 다양한 논점을 정리하고, 학술논문 및 지식 재화의 사회적 공공성을 실현하기 위한 정부와 공공 기관의 정책적 프레임을 제기하여, 학술논문 및 지식 재화를 생산한 개인적 주체와 사회적 주체의 권리를 융합시키려 한다.

2 학술논문 OA 제도에 대한 보편적 경향

역사적으로 '공공성'의 이데올로기적 헤게모니를 둘러싼 투쟁이 지속되어 왔다. 국가는 '공동선 혹은 공동의 이익' 등을 내세워 공공성을 추구해 왔고, 국민은 '삶 조건'과 연계된 공공성을 지향해 왔다. 이 과정에서, 국민은 국가의 공공성에 대해 유기적 딜레마 상황에 처하게 된다. 공공성의 형식과 내용 속에, 국가와 국민의 이해가 서로 일치하거나 유사하게 투영되었을 경우, 국가 공공성은 곧 사회 공공성으로 대체될 수 있다. 문제는 그렇지 못한 경우이다. 국가가 국민의 이해에 반하는 정책을 공공성이라는 외피로 포장하는 경우, 국민은 공공 영역에서 생산된 모든 재화를 사회 구성원 모두가 혜택을 누리고자 하는 투쟁, 공공 재화의 요금 인상에 반대하는 투쟁, 공공 기관을 사적 자본에게 넘겨 사유화하게 하는 국가의 정책에 반대하는 투쟁 등을 전개한다. 이는 국가의 정책이 모두 공공적일 수 없다는 증거이기도 하고, 특정한 세력만을 위한 경우도 있다는 의미이다.

그동안 학술논문의 무상 공개를 주장하는 진영과 그것에 반대하는 진영은 많은 토론을 하였지만 서로 합의하지 못하였다. 한국연구재단을 중심으로 학술논문의 무상 공개를 주장하는 학자들은 주로 연구 비용의 공공성을 내세웠고, 한국전자출판협의회 중심의 민간 자본은 국내의 열악한 DB 시장을 더욱 어렵게 할 뿐만 아니라 학술논문 저자들의 권리를 침해한다고 주장하였다. 2015년 3월 2일 국회에서 진행된 토론회와 3월 27일 숭실대학교에서 진행된 학술토론회에서, 학술논문의 무상 공개를 비판하는 연구자들의 발표와 토론이 진행되었다. 두 토론회에 참석했던 발표자들은 연구재단이 추구하는 신자유주의적 정책의 문제점, 논문을 생산한 연구자와 무관하게 연구재단과 민간 자본 간의 격론이 지니고 있는 문제점, 그리고 학술논문 OA 제도의 공공성과 연구자들의 권리를 조화시키지 않으면, 학술논문의 무상 공개든, 혹은 학술논문의 상업화든, 두 가지의 정책에 적지 않은 문제점들이 있다는 것을 강조하였다.

학술논문의 OA 제도를 공공성과 연계시키는 기존 연구는 주로 문헌정보학에서 이루어졌으며, 공공성의 근거를 공공 기금의 투여에서 찾고 있다. 주요 연구들은 그러한 공공성을 내세워 무상 공개 접근을 강조한다. "공공 기금을 받아 연구된 것 중에서, 등재학술지 논문의 약 17.9%가 상업 DB 업체를 통해 유통, 유료로 배포됨으로 인해, 공공의 접근에 대한 비용이 발생하여, 공공은 생산에 대한 비용 지원과, 이용에 대한 비용 지불 등 이중의 부담을 안고 있다. 학술 연구논문의 상업화로 인해 발생하는 문제이다."[3] 따라서 이런 문제가 발생

3　정경희, 「국내 학술지 웹DB 구독료 현황과 오픈 액세스에 대한 사서의 인식」, 2010.

하는 만큼, 비용을 지원받은 학술논문과 관련된 학술연구지원사업의 처리 규정을 이행하게 하여, 학술 연구논문의 무상 공개 접근으로 지식 재화의 공공성을 실현해야 한다고 강조한다. 인문사회 분야 학술연구지원사업 처리규정 제33조 2항에 따르면, "지식재산권, 연구보고서의 판권 등 무형적 결과물은 정부출연금 지분에 상당하는 부분을 협약해서 정해지는 바에 따라 주관 연구기관의 소유로 한다." 그러나 34조 3항에 따르면, "연구성과를 전문기관의 홈페이지를 통해 일반인에게 제공하려면, 전문기관의 장이 연구자로부터 연구성과에 관한 이용허락을 받아야 함"으로 되어 있다. 이러한 논리를 내세우는 연구자들의 주요한 주장은 "공공 기금으로 연구된 것은 공공의 이익을 위해 공공의 영역에 존재해야 하고, 공공 기금을 출연한 공공기관은 이러한 인식을 바탕으로 무상 공개 접근 정책을 추진해야 한다. 하지만 OA의 유형도 E-print 아카이브형, 무료 공개형, 이중 모드형, 엠바고 설정형 등과 같이 다양한 만큼, 한국의 학술지 유통 방식에 따라 OA를 수용하고 추진하는 데 필요한 정책적 기준이 마련되어야 한다."는 것이다.[4] 한국연구재단은 이러한 논의를 받아들여 국가적 차원의 OA 정책을 마련하고 있다. 저작권 양도 동의 시스템 구축, OA 확산을 위한 법과 제도의 구축, OA 콘텐츠의 유통 체계 개선, OA 저널 아카이빙 체계 구축, 새로운 e-저널 서비스 개발 등이다.[5]

---

4   임석종, 「국내 학술정보의 오픈 액세스 운동」, 2010;김규환, 「국내 학회의 OA수용과 추진 방식에 대한 제안」, 『정보관리학회지』, 31권 3호, 2014.
5   한국연구재단, 「오픈액세스(OA) 정책 개선 방안」, 2013.

연구자나 한국연구재단이 강조하는 공공 기금이 보유하고 있는 공공성을 부정할 수 없다. 세금으로 만들어진 재화를 비용을 지불하면서 소비해야 하는 이중 부담의 문제점은 지적될 필요가 있다. 그러나 이러한 방식으로 지식 재화의 공공성을 규정한다면, OA 정책은 또 다른 딜레마에 봉착한다. 세금으로 만든 재화를 국민에게 무료로 제공해야 한다면, 철도, 항만, 전력, 영화, 대학 등의 공공 재화도 모든 국민이나 외국인에게도 무료로 제공해야 한다는 '공공성의 과잉화 현상'을 초래한다.

반면에 한국전자출판협의회와 DB 업체인 누리미디어는 학술논문의 무상 공개 접근 정책을 반대하고 있다. "국내 민간 업체 5개 DB 회사의 매출액은 연간 126억 수준에 불과하고, 해외 DB 회사가 국내에서 벌어들이는 2348억에 비해 아주 낮은 수준이다. 이런 상황에서, 한국연구재단이 추진하는 OA 정책은 왜곡되어 있고, 학회에 대한 지원과 평가를 빌미로 저작권 및 학회의 자율성을 침해한다고 주장한다. 또한 한국연구재단이 구조적으로 강요하는 OA 정책은 학술 생태계의 선순환 구조를 붕괴시키고, 학술 사대주의를 유발시킬 수 있다는 점을 제기하였다."[6] 한국전자출판협의회와 DB 업체인 누리미디어는 정책 대안으로 민관 상생 모델, 즉 "관이 주도하는 OA 정책을 폐기하는 대신, 공공은 인프라 구축과 기본 서비스 플랫폼을 조성하는 데 주력하고, 민간은 세계 수준의 학회지 출판을 담당하는 투자뿐만 아니라 공공이 구축한 인프라를 활용하여 DB의 품질 및 서

---

6   한국전자출판협의회, 「2014년도 교육문화체육관광위원회 건의 사항」, 2013; 누리미디어, 「학술논문 공개정책(OA)과 한국 지식산업의 미래」, 2014.

비스를 고도화해야 한다."[7]는 정책 모델을 제안하였다. 이러한 주장의 전제는 "학술논문의 공개가 연구자들의 자유로운 참여 운동의 일환이었고, 해외의 OA도 국가가 예산을 직접 지원한 것에 한하고 있다."는 점이다.

한국전자출판협의회와 DB 업체인 누리미디어는 연구자들의 자율성과 저작권 보호, 그리고 DB 서비스 개선으로 이용을 활성화하려하고 있다. 연구자들이 자신의 권리를 위해 주장해야 할 것들을 민간 DB 자본이 대신하고 있는 형국이다. 학술논문을 쓴 저자가 무엇을 소중하게 생각하는 것인가를 연구[8]하기도 하였는데, 이것이 시사하는 바가 크다. "자신의 학술논문과 관련하여 어떤 가치를 소중하게 중시하는가에 대한 설문 결과, 40%가 독자들로부터 인정받고 환류 (feed back)되는 것을 중시하였고, 38.4%가 금전적인 보상을 중시하였다." 그러나 민간 주체들의 주장에서는 지식 재화의 유통 관리 및 소비의 과정에서 생산과정의 공공성을 어떻게 실현할 것인가의 문제가 드러나지 않고 있다. 공공적 생산의 문제를 우회하는 정책 제안인 것이다.

공공성은 사회적 관계의 차원에서 두 가지 성격을 보유하고 있다. 첫째로는 공공 재화가 생산되고 소비되는 과정에서 공공성을 실현하는 측면이다. 지식 재화도 공공적으로 생산되고 소비되어야만, 지식 재화에 내재되어 있는 공공성이 실현된다. 만약 국가나 공공 기관이 지식 재화의 생산 및 유통 관리를 독과점한 상태에서 공공성을

---

7   누리미디어, 「학술논문 공개정책(OA)과 한국 지식산업의 미래」, 2014.
8   우지숙, 「학자는 무엇으로 사는가」, 「한국방송학보」 23-3, 2009.

실현하고자 한다면, 국가나 공공 기관이 지식 재화를 생산하는 연구자나 학회를 의도적으로 동원하거나 통제하는 정책의 관리 패러다임을 민주 패러다임으로 전환시키고, 자본 축적의 촉진에 주력하는 공공 정책의 성장 패러다임을 국민의 생활 패러다임으로 전환시켜야 한다. 둘째로는 삶 조건에 조응하는 공공성을 확보하기 위해 투쟁하는 국민의 힘으로 표출되는 측면이다. 공공성 확보 투쟁은 공공 재화로 형성되는 공공적 가치를 전유하는 과정이자 사회적 관계를 구성·재구성한다는 의미이다. 공공적 지식 재화를 둘러싼 계급적 관계가 사상될 수 없다는 것이다. 생산의 목표가 이윤 창출에 있는 자본주의적 생산 체제하에서도 총자본의 관점에서 볼 때에는 자본주의적 이윤 생산에 필수적으로 요구되지만, 적합한 이윤을 창출하거나 실현시킬 수 없기 때문에 개별 자본이 그 공급을 떠맡을 수 없는 부문이 많든 적든 언제나 존재하기 마련이다. 이러한 부문을 자본주의적 생산의 물질적·비물질적 조건이라고 한다. 그래서 공공재의 공급을 얼마만큼 확대·강화시켜 나갈 것인가 등은 기본적으로 계급 간의 힘 관계에 의해 결정된다. 다시 말해 공공재라는 이데올로기를 앞세우면서도 공공재의 공급을 최소화하는 동시에 그 부문을 "자본주의적 생산의 일반적인 물질적·비물질적 조건"으로 최대한 한정시키려는 자본과, 그 부문에 공공재적 성격을 더 많이 각인시키고 공공재의 공급을 확대·강화하려는 노동자·민중 간의 힘 관계로 결정되는 것이다.

따라서 국가나 공공 기관은 지식 재화의 공공 서비스를 강화할 필요가 있다. 이를 위해서는 지식 재화를 생산하는 양과 질의 공공성을 강화하는 데 주력해야 한다. 공공적 지식 재화가 국민의 '삶 조건' 보다 자본 축적의 촉진 조건에 가깝다면, 생산은 공공적이었지만, 재화의 성격은 공공적이라고 할 수 없는 것이다. 또한 공공적 지식 재화가 하향식(top-down) 동원 정책의 일환으로 생산된다면, 국가나 공공 기관의 계급적 성격에 따라, 그것의 형식과 내용이 국민의 삶 조건이나 공공 서비스와 접합되는 수준을 결정할 수 있기 때문에, 공공적 지식 재화는 국민을 지배하는 국가권력이나 지배 세력의 의지만을 반영할 수 있다. 지식 재화를 생산한 주체는 공공적이지만, 그것을 소비하는 국민의 입장에서는, 그 재화의 성격이 공공적인 것이 아니라 공공의 힘으로 지배하려는 지배세력의 사적 재화에 불과한 것일 수 있다.

3 학술논문의 OA를 바라보는 논점

1) 소유 및 점유의 관점에서 본 학술논문

역사적으로 민족국가 간의 경쟁 체제가 확립되고, 제국주의적 전쟁을 거치면서, 국가 공공성은 보다 강력한 공공적 지배질서의 헤게모니를 구축하였고, 노동자와 민중들은 그러한 국가의 지배계급과 자본과 대항하면서 노동자와 민중의 공공적 헤게모니를 장악하려 하였다. 국가·자본은 '공동선 혹은 공동의 이익' 등을 내세워 자본을 축적하거나 자본 축적을 촉진하기 위한 국가·자본의 공공성을

지식의 공공성 딜레마

추구하였던 반면, 노동자·민중은 국가·자본의 공공성에 대항하는 투쟁을 전개하면서 노동자·민중들의 생활과 연계된 공공성, 즉 양질의 공공 재화를 값싸게 공급하는 국가의 공공성을 요구하였고, 국가는 공공 부문의 민영화를 국가경제 및 시장을 활성화시키는 주요 기제로 간주하면서 공공 재화의 소유 및 운영을 자본에게 넘겨왔다. '공공성'의 헤게모니를 둘러싼 계급투쟁이 지속되었던 것이다.

물론 공공성에 대한 개념과 그 형태나 유형도 매우 다기하다. 그 의미를 개념화하기가 쉽지 않아서인지, 많은 연구자들은 공공성 개념과 관련된 기존의 연구에서, "공동의 필수조건 및 관심사, 공동의 재화에 대한 비시장적 공평 접근, 평등, 불편부당, 개방, 민주적 의사결정, 소유권의 형태, 시민들이 참여할 수 있는 권한의 정도, 국가-공공 부문 및 공동체와 연계되는 관련의 정도, 공익과 공중의 이익, 정부적인 것 등을 공공성의 구성요소이거나 판별기준"[9]으로 제시하였다. 대부분, 누구나가 공공적 주체가 생산하는 공공 재화를 평등하고 민주적으로 접근하는 차원에서 공공성의 기준을 설정하고 있다. 이러한 점들을 전제로 한다면, 연구 비용을 공공적 주체가 제공하였다 하더라도, 학술논문의 생산 주체는 연구자 개인임을 고려할 때, 학술논문은 공공적 요소와 사적 요소가 동시에 결합되어 있는 재화이다.

그리고 조대엽은 공공성을 구분하는 방식을 매우 다양하게 도입하였다. 구분의 준거는 "체계요소, 사회구성 영역, 사회적 범위, 역사

---

9 신진욱, 「공공성과 한국사회」, 참여연대 참여사회연구소, 시민과세계 11, 2007;신정완, 「사회 공공성 강화를 위한 담론전략」, 참여연대 참여사회연구소, 시민과세계 11, 2007;백완기, 「한국행정과 공공성」, 서울행정학회, 『한국사회와 행정연구』, 18(2), 2007.

시기, 강제성 수준, 외재성 수준"[10] 등이었고, 이러한 기준에 따라 "사회구성 영역에서는 국가공공성, 시장공공성, 시민사회공공성으로, 공간적 범위로는 지구공공성, 국가공공성, 지역공공성, 현장공공성으로 구분하고 있다."[11] 공공성의 형식과 내용을 광범위하게 규명할 필요가 있다는 것이다. 조대엽의 구분에 따른다면, 공적 주체만이 공공성을 실현하는 것이 아니라, 시장 영역이나 시민사회의 영역에서도 공공성이 존재한다는 것인데, 이는 공공성이 재화를 관리하는 문제와 긴밀하게 연관된다는 점을 드러낸다. 즉 학술논문을 공공적 주체만이 관리한다고 해서, 공공성을 실현하는 것이 아니라, 시장 영역이든, 시민사회 영역이든 연구자의 개인적 권리를 실현시킴과 동시에 학술논문을 공공적으로 관리하고 운영할 수 있는 것이다.

그렇다면, 공공성의 기준과 영역을 다양하게 확장해야 한다는 다른 주장도 존재한다. 이러한 주장은 공공 재화의 탈시장적이고 탈수익적인 차원에서 사회 구성원들의 '삶의 질'을 향상시키는 것과 연계시키고 있다. 기본적으로 공공 부문의 탈시장·탈수익성의 관점을 강조하면서도, 공공 부문에 대한 국가적·공공적 소유와 민주적 운영을 강조하였다. "사회공공성은 자본주의 체제의 핵심 기제인 시장과 이윤에 대항하는 탈시장적이고 탈수익적인 관점 아래, 모든 국민에게 필요한 공공 서비스를 제공하는 영역으로 규정하고, 그 영역을

---

10   조대엽, 「현대성의 전환과 사회 구성적 공공성의 재구성: 사회 구성적 공공성의 논리와 미시 공공성의 구조」, 한국사회학회, 한국사회학회 사회학대회 논문집 , 2012. 6.
11   조대엽, 홍성태, 「공공성의 사회적 구성과 공공성 프레임의 역사적 유형」, 고려대학교 아세아 문제연구소, 아세아연구 56(2), 2013. 6.

의식주, 의료와 교육, 정부의 각종 정책, 환경, 농업, 여성, 사회복지 등으로 확장시켜야 한다."[12] 이러한 영역론적 접근은 사적 부문의 영역으로까지 확장시켰다. "재벌 해체 및 민주적 참여기업으로의 전환 등 기업 경영의 공공성 강화를 포함한 사적 부문뿐만 아니라 정치 영역의 공공성을 강화해야 한다."[13]는 것이었다. 다양한 영역의 공공성이라는 점에 주목한다면, 정치나 국가를 공공 영역과 직접적으로 일치시키는 것이 아니라, 정치나 국가에서 추구하는 정책의 형식과 내용을 전제로, 공공성의 여부를 판단해야 한다는 주장이다. 학술논문이 국가적 · 공공적 소유가 아닌데도 불구하고, 사적 소유권을 포기하지 않는 연구자의 학술논문을 무상으로 공개한다면, 이는 비민주적이고 관료주의적인 운영의 전형에 해당한다. 국가와 정치가 학술논문 OA 제도로 공공성을 실현한다고 하면서 공공성을 퇴행시키는 자기모순에 빠지게 되는 것이다.

이러한 모순에 자주 빠지는 주체가 공공 부문이다. 공공 부문 (public sector)에는 "정부와 자본의 핵심 인프라이자 공공 재화를 공급하는 생산 주체, 소유 및 지배구조의 측면에서 정부가 사용자인 경우, 재화와 서비스의 공공재적 성격의 측면에서 본 .공공 서비스 부문"[14] 모두가 해당한다. 공공적 성격을 보유하고 있는 재화를 공공 재화라고 규정한다면, 공공 재화를 생산하고 소비하는 부문을 공공 부문 혹은 공공 영역이라고 규정할 수 있다. 공공 부문은 공공 재화의

12 오건호, 「공공 부문 노동운동의 새로운 화두, 공공성」, 『공공연맹』, 제32호, 2003. 5.
13 장상환, 「진보정당 운동을 둘러싼 쟁점과 반론」, 『동향과전망』 44, 한국사회과학연구회, 2000. 3.
14 황하일, 「공공성투쟁이란 무엇인가」, 『공공연맹』, 제33호, 2003. 7.

생산 영역과 소비 영역을 동시에 포괄하고 있다.

이처럼 공공성을 논하면서, 소유 및 운영의 주체를 근거로 공공 부문과 민간 부문을 대비시켜 인식하는 관점이 보편적이다. 기본적으로 이러한 공공 기관들의 업무(public affairs)가 사회 구성원들의 일상적인 생활이해와 긴밀하게 연계되어 있는 것으로 간주한다.[15] 사적 자본이 공공 재화를 공급하는 현실이나 이들 기관이 공공 재화의 수익을 독과점적으로 추구하고 있는 현실을 고려하지 않는다. "공공 부문(public sector)을 중앙 · 주 · 지방정부를 포함하는 모든 수준에서의 공공 행정, 공공 교육, 그리고 국영기업 · 지방공기업 · 공기업 · 정부출연기관 · 정부출자기관 · 정부재투자기관 · 정부재정지원기관(특수기관 및 각종의 법인) 등의 기관으로 규정하고, 이들 기관의 업무 및 생산물을 공공 재화로 인식하는 논의이다."[16]

공공 부문의 소유 및 지배구조만을 근거로 본다면, 학술논문에 대한 공공 기금 지원 계약을 맺으면서, 재화의 소유 및 점유 관계를 명시하지 않는 한, 학술논문은 공공성이 약한 지식 재화이다. 국가나 공공 기관이 직접 생산한 재화들은 분명히 공공성이 강하지만, 공공 기금만 지원된 학술논문의 경우에는, 노동을 직접 투여하는 사람은 국가나 공공 기관에 소속되어 있지 않은 연구자이다.

그러한 학술논문을 생산하고 소비하는 보편적 주체의 입장에서 본

---

15 Tibor Machan, *Private Rights and Public Illusions*, Transaction Publishers, New Brunswick(U. S.A.) and London(U.K.), 1995.

16 정원호, 「공공 부문 노사관계의 정립방향」, 전국금융노동조합연맹 · 전국전문기술노동조합연맹, 「공공 부문 노사관계 재정립을 위한 토론회 자료집」, 1993. 1.; 박태주, 「공공 부문 노동조합의 현안 및 대응방향」, 공공 부문 노동조합 대표자회의 · 노동조합기업경영분석연구상담소, 「공공 부문 노동조합운동의 방향 모색을 위한 대토론회 자료집」, 1995. 1.

지식의 공공성 딜레마

다면, 이들 기관에서 지원하는 학술논문이 '약한 공공성'에 머무를 수밖에 없는 이유를 제시하면 다음과 같다.

첫째, 공공 기금으로 생산하든, 사적 기금으로 생산하든, 학술논문의 저작권이 상실되는 것이다. 저작권이 연구자의 창조적 노동을 인정하는 차원에서 발전해 왔다는 점을 고려한다면, 공공 기금을 지원받아 생산한 학술논문의 소유권이 저자에게 있는 것이다. 이러한 공공적 학술논문은 기본적으로 공공적(public) 측면과 사적(private) 측면을 동시에 가지고 있다.

둘째, 학술논문에 대한 소비의 현실적 제한성이다. 물론 현재 추진하고 있는 OA 제도는 누구든지 공공적 학술논문에 대한 접근을 가능하게 하는 정책이다. 다중지성도 OA 제도와 무관하지 않다. 그러나 학술논문에 접근하는 주체를 계급적 노동의 성격으로 구분한다면, 생산직에 종사하는 노동자 및 농촌의 농민보다 사무전문직에 종사하는 노동자들이 OA 제도를 보다 많이 활용할 것이다. 학술논문을 필요로 하는 직종으로 제한될 수밖에 없다는 점을 고려한다면, 소비자의 측면에서도 학술논문의 공공적 측면과 사적 측면이 동시에 나타난다고 할 수 있다.

셋째, 지식 재화의 생산력이 낮은 상태라고 한다면, 지식 재화의 세계적 경쟁력을 위해서라도, 거대한 초기 투자 비용이나 수익을 보장받지 못하는 재화를 공공 기관이 지원하고 생산하는 것 자체가 공공성이다. 특히 학술논문의 경쟁력은 질적 조건과 밀접하게 관련된다. 학술논문에 대한 무상 공개 접근이 무한대로 이루어진다 한들, 학문적 질이 담보되지 않는다면, 지식 재화는 경쟁력을 갖추기가 쉽지 않다. 국가나 공공 기관은 한국의 지식 재화의 질을 높이기 위한 공공적 투자를 강화해야, 한국 지식 재화를 허접한 '쓰레기통'의 잡동사니(Garbage model)로 전락시키지 않을 것이다. 정부나 공공 기관은 오히려 한국 지식 재화에 대한 '명품화 전략'을 추구해야 한다.

넷째, 국가나 공공 기관만이 학술논문을 생산하고 유통·관리하는 것이 아니다. 민간 부문에서도 각종의 재단이나 연구기관 등을 매개로 공공적인 학술논문을 생산하여 유통·관리할 수 있다. 사적 자본에서 생산하는 모든 재화가 시장을 매개로 수익을 추구하는 것은 아니기 때문이다. 무료로 혹은 아주 저렴한 비용으로 학술논문을 공급하는 것만으로, 사적 자본이 공공성을 실현하고 있다고 규정하기 어렵지만, 사적 자본은 다양한 지식 재화를 무상으로, 혹은 저렴하게 공급하면서 추상적이고 상징적인 이미지 가치(Brand Value)를 증가시키고, 그것을 토대로 중·장기적으로 자본의 총 잉여가치를 창출시키려 한다. 사회 구성원들에게 학술논문을 무상이나 저렴하게 공급하는 것 자체는 공공적 성격을 보유하고 있다고 할 수 있다.

2) 재화의 형태와 비용의 관점에서 본 학술논문

일반적으로 사회 구성원 모두가 생활을 유지하거나 생활의 질을 향상시키기 위해 필수적으로 소비할 수밖에 없는 재화들이 있다. 이러한 재화들은 주로 중앙·지방정부를 포함하는 모든 수준에서의 공공 행정, 공공 교육, 그리고 국영기업·지방공기업·공기업·정부

　　　　　　　　　　　　　지식의 공공성 딜레마

출연기관·정부출자기관·정부재투자기관·정부재정지원기관(특수 기관 및 각종의 법인) 등의 공공 부문에서 생산하여 사회 구성원들에게 공급하는데, 탈시장적·탈수익적인 성격들을 내포하고 있다. 그래서 국가 및 공공 기관이 생산하여 공급하는 재화, 비용을 지불하지 않거 나 저렴한 비용으로도 누구든지 자유롭게 소비할 수 있는 재화 등이 공공적 성격을 지닌다고 한다면, 공공 기금이 투여된 학술논문도 역 시 공공 재화에 해당한다.

그러나 공공 재화의 공공적 성격도 수시로 변해 왔다. 공공적 성격 과 사적 성격이 서로 교차하는 복합적 층을 이루고 있다. 대표적인 경우가 공공적 지식 재화(학술논문)이다. 셀던(Seldon)은 시장을 통해 서 공급되는 모든 재화와는 다르게 공공적 지식 재화는 다음과 같은 속성을 보유하고 있다고 주장한다. "① 개인이나 혹은 소그룹에 의 해 유통·관리되기보다는, 공적인 공동의 소유 주체가 공급하는 사 회적 재화, ② 재화의 가격이 수익을 추구하지 않는 수준에서 공동 으로 결정되어 공급되는 사회적 재화, ③ 소비 과정에서 소비자 간 의 경쟁적 관계가 형성되지 않는 사회적 재화"[17] 등이다. 재화의 생산 과 소비가 사적으로 이루어지는 것을 배제하고 있으며, 공적인 공동 의 주체가 관리하고 공급하면서, 그 재화의 가격까지 공동으로 결정 한다는 것이다. 그런데 그 가격은 일반적으로 무료가 아니다. 공공적 재화를 재생산해야 하는 사회적 수익이 보장되어야 하기 때문이다.

---

17 Alen Pratt, *Neo-Liberalism and Social Policy*, Edited by Michael Lavalette and Alan Pratt, "Social Policy: a Conceptual and Theoretical Introduction"(2nd edition), SAGE Publications(London: Thousand OAks, New Delhi), 2001.

그런데 공공적 지식 재화는 공급하는 주체나 재화에 투영되어 있는 노동의 성격에 따라 매우 다양하다. 공적인 주체만이 아니라 사적인 주체도 공공적 지식 재화를 생산하여 공급한다. 또한 투영되어 있는 노동의 다양한 성격만큼, 공공적 지식 재화의 성격도 마찬가지이다. 노동의 가치를 물질로 변화시키는 물질적 재화와 추상적 가치인 비물질적 재화가 그것이다. 그런데 사회 구성원들은 이러한 공공적 지식 재화를 소비하는 데 있어서 비용을 지불할 수도 있고 지불하지 않을 수도 있다. 사회 구성원들이 소비하는 데 비용을 지불하지 않는 재화를 완전형 공공 재화로, 그렇지 않은 재화를 불완전형 공공 재화로 규정한다.

공공적 지식 재화의 생산 주체 및 형태를 유형별로 도식화하면, 아래의 [표 1]과 같이 정리할 수 있다.

[표 1] 공공적 지식 재화의 성격

성격 비용	물질적 재화	비물질적 재화
완전형	무상 OA 학술논문	명예, 권위, 전문성
불완전형	저서, 학술논문, 특허권	아이디어, 인용, 로열티

[표 1]에서 알 수 있듯이, 특정한 지식 재화를 공공 기금으로 지원받아 연구자가 생산했다 하더라도, 지식 재화는 다양한 성격을 중층적으로 보유하고 있다. 학술논문은 물질적 재화의 성격과 비물질적 재화의 성격을 동시에 가지고 있으며, 또한 무작위 소비자가 지불하는 비용의 유무에 따라 완전형적 성격과 불완전형적 성격이 공존

지식의 공공성 딜레마

한다. 공공 기금이 투여되어 있다는 이유만으로, 학술논문의 공공성을 단순하게 규정하기 어렵다는 의미이다. 다양한 지식 재화의 공공성은 [표 1]처럼 복합적이고 융합적인 측면을 반영해야 하기 때문에, 공공적 지식 재화를 소비자들에게 공급하기 위해서는 재화의 유·무상뿐만 아니라 비물질적 가치를 반영하는 차원의 정책적 전략을 고려해야 한다.

3) OA에 대한 찬반의 논점에서 본 학술논문

세계적으로 학술논문의 공개 접근은 연구자들의 자발적 참여로 이루어졌다. 출판 시장을 장악한 독과점 자본에 대한 저항의 일환이었다. OA는 지식 재화에 대한 '접근 비용의 장벽을 제거 및 허가 장벽의 제거'[18]를 추구하는 개혁 운동이었다. 정보산업사회에 조응하는 지식의 대중화 혹은 '다중지성'의 시대이고, 지식 재화를 공급하는 주체들이 특권화되었던 비민주적 요소를 제거해야 한다는 점을 고려할 때, OA는 지식 재화의 사회적 공유를 바탕으로 지적 주체의 다중화를 선도하고 있으며, 지식 재화의 세계화에 공헌하고 있다.

OA가 무상 공급을 절대적인 전제로 하는 것은 아니다. 무상 공개 접근의 여부는 연구자의 자발적 의지에 달려 있고, 공공적 연구용역의 계약 내용에 따라 규정됨에도 불구하고, 학술논문에 대한 공공 기금 지원과 공공성 유지의 근거를 둘러싸고 찬성과 반대로 양분되어 있다.

---

18 김규환, 「국내 학회의 OA수용과 추진 방식에 대한 제안」, 정보관리학회지, 31권 3호, 2014.

다음의 [표 2]는 공공적 근거에 대한 찬성과 반대의 핵심 내용과 그러한 내용에 근거하는 논점을 정리한 것이다.

[표 2] 공공적 지식 재화의 성격

	찬성 논리	논점	반대 논리
공공 기금 지원	* 공적 자금이 투여된 이상, 공공적 소비를 위해 공공 영역에 존재	*공공 기금으로 생산된 다른 지식 재화는?(정책 연구 프로젝트, 공공 연구노동, 개인 연구성과 등의 차별성 존재)	*계약 관계가 없는 상태에서 생산된 연구논문을 '을'로 취급 *학회에 대한 지원만으로, 학회와 개인을 등치시켜, 주체성을 왜곡
공공성 유지	* 상업화에 대해 비판 * DB 회사의 공급에 대한 비판 * 국민들은 이중 비용 지불	*공공 재화에 대한 무임승차 의식이 사회적으로 보편화되는 것을 어떻게 볼 것인지?	*다른 공공 재화는 유상으로 공급되는 것과 비교해서, 무상으로 공급하는 불평등성

학술논문 OA 제도를 찬성하는 논리 속에서 '공공성'의 측면을 정리하면, 국민의 세금으로 생산된 학술논문이 상업화되는 것을 방지하고, 국민이 비용을 지불하지 않고 소비하게 하는 것이다. 이 논리의 큰 함정은 학술논문의 생산 비용, 소비 주체, 그리고 소비 비용을 고려하면서도, 생산 주체를 상정하지 않고 있는 점이다. 공공적 연구노동의 주체인 연구자의 권리를 보장할 때, 학술논문 OA 제도의 공공성이 실현될 수 있는 것이다.

한국연구재단이 추구하는 학술논문 OA 제도가 계약 관계를 맺지 않은 학술논문까지 공개하면서 계약 관계를 왜곡하거나, 혹은 다른

지식의 공공성 딜레마

공공 재화의 유통과 소비 구조를 고려하지 않은 채, 오히려 무임승차에 따른 사회적 불평등을 유발시킬 수 있다는 것이다. 이 논리도 역시 공공성의 주요 근거로 작용하는 공공적인 생산 비용과 소비 비용의 문제를 부각시키지 않고 있다.

이처럼 학술논문 OA 제도에 대한 찬반 논리는 동일하게 불완전한 공공성을 내세우고 있어서, 오히려 공공성의 본질을 희석할 수 있다. 공공 재화의 생산-유통관리-소비-재생산이라는 사회적 순환구조 속에서 양질의 '삶 조건'을 국민에게 제공할 때, 완전한 공공성은 실현되기 때문이다.

학술논문 OA 제도에 대한 찬반 논리의 함정을 극복하기 위해 두 가지 논점을 제시하면, 다음과 같다. 첫째, 공공 기금으로 생산된 다른 지식 재화와 학술논문의 차별성을 어떻게 극복할 것인가의 문제이다. 국가 연구개발 정책이 지속적으로 증가하고 있는 상황에서, 많은 지식 재화들이 공공 기금으로 생산되고 있다. 정부 기관이 발주하는 정책 연구 프로젝트, 대학 및 연구 기관이 전략적으로 수행하는 공공 연구 사업, 공공 기금을 지원받으면서 추진하는 개별 연구 프로젝트 등이 있다. 공공 기관은 이러한 연구 사업의 계약을 맺으면서, 연구노동의 성과에 대한 소유 및 점유 관계를 확정하지만, 조건을 전제로 하지 않고 무상으로 공개하는 경우는 거의 없다. 둘째, 공공 재화에 대한 무임승차 의식이 사회적으로 보편화될 우려는 없는 것인지의 문제이다. 공공 재화를 생산하는 공공 기금이 국민의 세금인 만큼, 그 사용처도 공공적이어야 한다는 것을 반대할 사람은 거의 없다. 하지만, '만인이 평등한 사회'라고 한다면 모르지만, 공공 재화는 반드시 무상으로 공급되어야 공공성이 실현된다고 생각하는 것은, 사회적 소비의 차별이나 불평등 문제를, 또는 공공 재화를 재생산해야 하는 사회적 비용의 문제를 고려하지 않는 '공공성의 과잉화' 현상인 것이다.

4 지식 재화에 대한 신(新)공공 서비스 행정의 공공성

국가의 역할과 기능을 구체적으로 규정하기가 쉽지 않지만, 마키아벨리는 핵심 역할을 '국민의 공익'에서 찾았다. 국가는 법과 제도를 근거로 '공동선'의 주체로 존재하면서, 국민의 공익을 추구하기 위한 정책을 수립하여 집행한다. 국가는 이 과정에서 지식인들의 지식 재화를 동원하거나, 혹은 서로 협력하여 국가 정책의 정당성을 구축한다.

물론 모든 지식 재화가 국가 정책과 호응적 관계를 형성하는 것은 아니다. 국가의 '공동선'이 국민의 특정한 세력에게 집중되거나, 국가가 지배권력의 주체로 존재할 경우, 지식 재화는 그러한 국가를 변화시키기 위해 국가와 저항적 관계를 형성하기도 한다. 그래서 국가는 법과 제도 및 지배권력의 정당성을 강화할 수 있는 지식 재화를 수시로 동원하였고, 그러한 지식 재화들은 국민의 의식과 행동에 영향을 미치는 힘으로 작용하였다. 국가의 지배 이데올로기로 작용하는 것이었다. 슬라보예 지젝이 말한 것처럼, 이데올로기는 사회 내부에 존재하는 근본적 균열과 구멍을 은폐시킬 수 있는 환상으로 작용하기 때문이다. 지식 재화를 동원하는 또 다른 주요 목적은 국민을 상대로 '국가의 소멸'에 대한 두려움을 지속적으로 구성하거나 재구성하려는 것이다. 국가는 이 과정에서 야만 상태에서 발생할 공포를 제시하고, 국민은 사회계약의 주체에서 대상으로 변한다. 국가가 구속하고 관리하는 자유와 평등에 중독되는 것이다. 국민은 국가가 '가르치고 구속하면서 관리하는 자유와 평등'만을 수용한다.

그렇지만 국가와 저항적 관계를 유지하면서, 학문과 사상의 자율성을 확보하려는 지식 재화도 존재한다. 루소는 사회계약으로 국가가 만들어지더라도, '일반 의지'가 사회를 지배해야 한다고 주장한다. 즉 개개인의 의지가 통합된 것을 말하는 것이 아니라, 사회 구성원의 '공동 이해를 담고 있는 공공 의지'가 지배해야 하고, 국가나 공공 기관은 그저 '공공 의지'를 법이나 정책으로 실현하면 그만인 것이다. 이것이 국가의 의무이자, '공동선'이고 '공공성'이다. 국가가 이를 이행하지 않을 경우, 국가에 대한 국민의 저항은 정당한 것이다. 스피노자의 관점에 따르면, 국민은 국가의 최고권을 인정할 때만 복종의 의무를 지기 때문에, 스스로 국가에 대한 복종의 대가가 자신의 이익과 상반될 경우에 국가와 맺었던 계약을 파기할 수 있고, 또한 국가가 삶의 안정과 행복을 보장하지 않거나, 개인의 자연적 권리가 존중되지 않을 경우, 혁명은 필연적으로 발생할 수 있다.

이처럼 국민과 국가는 사회계약의 이해를 둘러싸고서 서로 동의하는 수준의 협력 관계를 맺기도 하고, 혹은 갈등하는 수준의 대립 관계를 형성하기도 한다. 손호철이 국가에 대한 개념을 추상화하는 수준에 따라 다양할 수밖에 없다 하면서, 가장 추상적 수준에서는, 사회적 관계의 총체가 국가이고, 또한 가장 구체적인 수준의 국가는 곧 공무원과 일치한다고 하였고, 이 외에도 국가를 레짐(regime), 정부, 행정부 등으로 이해할 수 있다고 하였듯이,[19] 국가에 대한 개념을 너무 다양하게 이해하고 있지만, 행정을 연구하는 사람들은 보통 국가를 행정부로 규정한다는 전제에서, 정부 및 공공 기관의 역할과 기능을 유형화한 모델은 지식 재화에 대한 정책적 과제를 모색하는 데 유용할 것이다.

아래의 [표 3]처럼, 덴하트 부부(Denhardt, R & Denhardt, J)의 역사적 행정 유형을 지식 재화와 관련시켜 재구성할 수 있다.

[표 3] 지식 재화와 행정 유형의 관계

행정 ＼ 유형	전통적 행정	신공공 관리 행정	신공공 서비스 행정
역할	국가 중심의 지배적 동원	시장 중심의 발전 지향 촉매제	시민사회 중심의 참여적 공유제
관리	관료제적 top-down 방식	민간 기구와 비영리 조직의 참여를 유인하는 방식	사회적 추진 연대 기구를 구성하는 방식

이러한 유형화의 기준은 행정의 전략적 목표에서 찾고 있다. 국가와 관료를 중심으로 한 행정, 시장 지향적인 행정, 그리고 시민사회

---

19 손호철, 『전환기의 한국정치』, 창작과비평사, 1993.

지식의 공공성 딜레마

를 기반으로 한 행정인가의 여부에 따라 유형화하였다. 각 행정 유형별로 지식 재화의 역할과 관리의 형식과 내용에 따르면, 전통적 행정은 국민에 대한 규율과 통제의 일환으로 지식 재화를 지배·관리하는 것이고, 신공공 관리 행정은 자본과 시장의 발전을 지향하기 위해 지식 재화를 유인한다. 특히 신공공 관리 행정은 1980년대 이후 현재까지 정부 개혁 정책의 패러다임으로 존재하면서, 공익 또는 공공성을 추구하는 정치적 규범 차원의 성과를 시장적 규범을 강조하는 경제적 성과주의로 대체시켜 왔고, 정책의 집행 기능을 사적인 영역으로 이관하는 위탁행정으로, 권위주의적이고 무사안일주의적인 관료주의의 형태를 변화시키는 데 기여하였다고 강조한다. 즉 민간 부문의 시장 모델을 적용하는 관리주의의 행정으로, 과정보다는 성과에, 경쟁과 효율이라는 최선의 가치에, 그리고 가치중립적이고 기술관리적인 행정의 성과에 주력하면서, 행정의 민주주의를 약화시켰다. 또한 행정은 단기적인 효율성과 성과를 평가하는 대상으로 전락하였다.

반면에 신공공 서비스 행정은 공공성의 위기적 징후와 맞물려 있다. 공적 질서의 불안이 지구적 수준으로 확산되고, 사회 질서의 축이자 사회 통합의 구심이라 할 수 있는 공공성의 위기적 현상들이 나타난 것이다. 다시 말해, 국가가 주도하는 공공 정책이 해체되거나 약화되는 사회적 조건에 부응하는 행정 프레임이 부각되었다. 시민사회의 주체성을 인정하는 행정이 경직되고 억압적인 관료주의적 행정에 저항하는 사회정치적 운동과 새로운 지적 조류, 나아가 문화적 반란 등에 호응하였다. 그래서 신공공 서비스 행정은 공동체 존립의 위기를 우려하면서, 지식 재화의 공공성을 실현하려 하였다. 시민 사회의 다양한 주체들이 공유된 리더십을 협력적으로 발휘하면서, 지식 재화의 사회적 공공성을 모색한다.

따라서 지식 재화의 역할 및 그 관리는 학문의 자율성과 연구자의 개별적 권리가 시민사회에서 융합되는 차원에서 모색되어야 한다. 행정부나 공공 기관은 지식 재화에 대한 사회적 필요성과 관리를 지원하는 수준에 머물러야 한다. 사회적 관리의 주체를 구성하는 문제는 물론 사회적 합의 과정을 거쳐야 하는 지난한 문제일 수 있지만, 지식 재화가 보유하고 있는 사회적 가치와 공공성을 실현하는 과정이라고 한다면, 그러한 과정은 오히려 민주주의 이행의 공공한 토대를 구축하는 것이다.

5 맺음말

공공성의 시작과 끝은 국가가 아니라 국민이다. 고대 로마시대의 철학자이자 정치가였던 키케로도 자신의 공화주의 사상에 걸맞게, 공공선을 국가보다 국민에게서 찾았다. "국가는 왕이나 소수 귀족들의 전유물이 아니라, 국민의 것이다. 국가는 국민의 재산이다. 그러나 국민은 무작정 모인 사람들의 집합이 아니라, 법에 대한 동의와 공동의 이익에 대하여 공유한 사람들의 결사이다. 결사를 형성하는 최초의 원인은 개인의 위약성이라기보다는 인간의 자연스러운 어떤 것, 마치 군집성 같은 것이다." 물론 국민은 국가의 법에 대한 동의와

지식의 공공성 딜레마

공동의 이익을 전제로 해야 하고, 다양한 사람들 간의 유기적 관계를 토대로 하는 군집의 주체이다.

이러한 논리에 따르면, 공공성도 마찬가지이다. 학술논문을 포함한 지식 재화의 공공성은 개인의 권리에 대한 동의, 개인과 국가와의 관계에서 개인의 통일적 결사체인 국민의 사회적 합의를 요구한다. 그 메커니즘은 개인과 개인, 개인과 집단, 그리고 개인과 국가 간의 '상호 평등'이다. 단지 헌법에서 선언적이고 규정적인 평등의 의미가 아니라, 실질적 삶의 관계에 투영되어 있는 평등인 것이다.

따라서 학술논문의 공공성은 개인의 지적 재산권을 인정하는 문제와 충돌되는 사회적 불평등 문제를 야기하지 않아야 하고, 또한 기타 공공적 재화, 예를 들면, 전기, 도로, 수도 등을 공급하는 체계와도 불평등하지 않아야 한다.

그렇지만, 학술논문을 포함한 지식 재화는 그 내용에 따라 공공적으로 관리되고 통제되어야 할 것도 있다. 지식 정보가 곧 국민의 삶을 위태롭게 할 수 있기 때문이다. 이는 알 권리를 실현하는 것 자체도 사회적으로 여과될 필요가 있다는 것이다. 학술논문 OA 제도가 진정한 공공성을 실현하려면, 국가를 중심으로 국민에게 시혜적인 방식으로 재화를 공급하여 '무임승차'의 문제를 대두하게 하는 것이 아니라, 국민이 공공 재화를 사회적으로 소비하고 재생산하는 주체로 설 수 있도록 해야 한다.

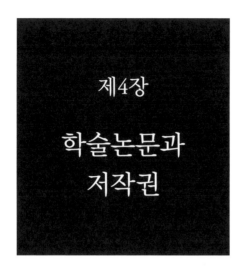

제4장

학술논문과
저작권

김성태

✝학술논문이란 일반적으로 국내외를 막론하고 학술 정보의 핵심 매체로 유통되는 학술지에 게재된 논문으로, 입법, 사법, 행정 등의 국가기관을 비롯한 공공 기관의 정책 결정 과정에서 필수적으로 활용될 뿐만 아니라 후속 세대의 학문적 연구에도 기초가 되는 중요한 저작물로 그 역할을 하고 있다. 학술논문의 저작권은 일반적으로 연구자가 가지고 있지만 학술지를 통하여 공표되면서 학회지를 발간하는 학회 또는 대학부설연구소에 저작권의 양도(또는 이용·허락)가 이루어지고 있는데, 기술의 발달에 따라서 학술논문을 온라인상으로 무료 접근하는 오픈액세스(Open Access)와 관련하여, 이러한 저작권 관계가 연구자, 학회, 서비스 제공자 등에게 중요하다고 할 수 있다. 다른 저작권법상의 저작물과 달리 학술논문의 경우 누적성, 공유성, 공개성 등과 같은 특성이 있기 때문에 학술논문에 대한 오픈액세스 접근에 대한 노력이 연구자 중심으로 진행되어야 할 것이며, 특히 공공 기금의 지원을 받은 학술논문의 경우에는 일부 공공성의 모습을 갖고 있기 때문에 기존의 저작권법의 질서를 유지한 채 오픈액세스를 통한 학술논문의 이용이 일부 가능하도록 관련 논의를 계속 진행해 나가야 할 것이다.

1 시작하며

학술논문은 입법, 사법, 행정 등의 국가 기관을 비롯한 공공 기관의 정책 결정 과정에서 필수적으로 활용될 뿐만 아니라 후속 세대의 학문적 연구에도 기초가 되는 중요한 저작물로 그 역할을 하고 있다. 특히 디지털 출판과 네트워킹 기술의 발전에 따라 이용자들은 학술논문에 더욱 폭넓은 접근과 이용을 요구하고 있는 현실이다.

학술논문의 경우에도 다른 사회, 경제 영역과 마찬가지로 공급, 유통, 소비, 재공급으로 이어지는 생태계 속에서 연구자, 학회, 대학부설연구소, DB 사업자, 소비자, 지원 기관 등의 많은 이해관계자가 관여하기 때문에 어떠한 정책 수단을 선택하는 것이 이러한 이해관계자들의 이해를 조정하면서 지속 가능하고 편리한 학술 정보에의 접근 이용이라는 정책 목표를 달성하는지에 대한 많은 의견이 있다.[1]

---

1 본 글에서의 "학술논문"이라 함은 한국연구재단의 등재(후보)지 여부, 공공 기금의 지원 여부,

학술논문의 원활한 이용을 위해서는 저작권과 관련된 문제가 선행
적으로 해결되어야 하므로 본 글에서는 학술논문과 저작권과의 관
계에 대하여 알아보고, 특히 학술논문의 이용과 관련하여 오픈액세
스(Open Access)와의 관계를 중심으로 살펴보고자 한다.

2 학술논문의 특성

1) 학술논문의 의의

학술논문이란 일반적으로 국내외를 막론하고 학술 정보의 핵심 매
체로 유통되는 학술지에 게재된 논문을 의미한다.[2] 학술논문은 개방
과 공유를 지향하는 대표적인 비영리성의 저작물로서,[3] 연구자[4]가 지
적 노력을 투입하여 작성한 창작물이다. 학술논문 자체는 영리 또는
비영리 여부와 상관없으며, 서적의 형태나 논문의 형태로 존재할 수

학회 또는 대학부설연구소의 발행 여부와 상관없이 국내 학술지에 게재된 논문을 의미한다.

[2] 새로운 학술 발견의 공유를 목적으로 1665년에 처음 생겨난 학술지(scientific journals)는 18세
기를 기점으로 급격히 증가하여, 현재는 수만 종의 학술지가 전 세계에서 발간되고 있는데,
학술지는 새로운 연구 결과를 동일 분야 연구자에게 공개함으로써 과학 발전에 기여하는 역
할을 하며, 학문 연구 기관인 대학이나 연구소에서는 해당 분야의 연구 동향을 파악하기 위해
서 학술지를 구독하고 있다. 특히 학술지를 출판하여 배포하는 것은 많은 비용이 들기 때문에
일반적으로 학술지를 발간하는 학회들은 회비를 내는 회원들에게만 국한해서 배포한다거나
일반인에게는 유료로 판매하는 등의 모습을 보이고 있다(서태설, 허선, 노경란, 「학술논문 오
픈액세스를 위한 공공접근정책 방향」, 『KISTI 지식리포트』 제4호, 한국과학기술정보연구원,
2009, 1쪽).

[3] 홍재현, 『도서관과 저작권법』 제2판, (주)조은글터, 2011, 479쪽.

[4] 저작권법상 학술논문이 저작물로 인정되기 때문에 저작자라고 표현할 수도 있으나, 본 글에
서는 저작자 이상의 의미를 부여하기 위하여 연구자로 표현하고자 한다.

지식의 공공성 딜레마

있는데, 서적 또는 논문의 형태와 관계없이 모두 저작권법상의 어문저작물로서 저작권 보호의 대상이다(저작권법 제4조 제1항 제1호).

연구자는 학술논문을 작성하여 일반적으로 학술대회에서 이를 발표하기도 하고, 학술지에 투고하여 게재하기도 한다. 개별적인 학술논문과 이러한 개별적인 학술논문들이 묶인 학술지는 구별된다. 학술지는 개별적인 학술논문을 묶은 것으로서 역시 학술논문과 마찬가지로 저작물이 되며, 일종의 편집저작물이 된다(저작권법 제2조, 제6조).

그리고 학술논문은 단독으로 공표되기보다는 학술지에 게재되는 형식으로 다른 학술논문들과 같이 학술지 발행 일정에 맞추어 공표되는 경우가 일반적이다.

한편 학술논문을 게재하는 학술지의 경우 ① 학회에서 발행하는 학술지와 ② 대학부설연구소에서 발행하는 학술지로 크게 나누어 볼 수 있다.

한국연구재단의 KCI 등재지 2,093종(2014년 7월 22일 기준) 중 대부분은 학회가 발간하는 학회지가 차지하고 있으며(86%), 대학부설연구소 등재지는 학회에 비해 적은 종수(296종)이나, 10년간의 전체 등재지 변화 추이를 보면 2003년 이후 점차 비중이 늘어나 2010년에는 2003년에 비해 종수로는 3배, 비율로는 2배 정도 증가하였으며, 2010년 이후로 그 비율이 유지되고 있다.[5]

---

5 대학부설연구소는 학술 정보의 생산자 중 하나이며, 학술지 간행 과정에서 게재 논문에 대한 교내외 연구비 지원과 출판비 지원 등의 직접적인 지원과 연구소 운영비 또는 연구소 근무 직원과 조교의 상주를 통한 간접적인 지원으로 학술지를 간행하고 있다. 대학도서관에서는 부설연구소에서 생산된 학술지를 상용 DB 업체와 협약을 통해 이용하고 업체에서 실행하는 분

2) 학술논문의 특징

학술논문을 영리성을 기준으로 살펴보면 학위논문보다는 영리성
이 있지만, 교재와 단행본의 경우보다는 영리성이 적다고 할 수 있으
며, 대부분 비영리성을 띠고 있는 학술지를 통하여 배포되기 때문에
비영리성을 기반으로 하여 누적성, 공유성, 공개성, 선취성의 특성[6]
과 학술지 발행 기관의 우월적 지위가 인정된다는 특징이 있다.

(1) 누적성(累積性)

학술논문의 누적성이란 모든 학술저작물은 선인의 연구업적을 기
반으로 이루어진다는 것을 말한다. 즉, 새로운 하나의 학술논문은 관
련 분야 선인의 연구결과를 계승하고 이를 비판하는 과정에서 탄생
하며, 이러한 계승-비판-새로운 발견이 누적적으로 지속되는 것이
곧 학문의 본질이고, 이러한 학문의 본성이 저작권 보호의 전형적 대
상인 예술작품과 다른 점이다.

류 및 재가공, 검색 서비스에 따른 비용을 지불한 후 이용하여 학술 정보의 생산과 생산된 정
보의 이용 모두에 대학이 재정적 지원을 하고 있는 환경이다. 대학부설연구소 학술지는 대학
의 직·간접적인 지원으로 학회에서 발간하는 학술지에 비해 재정적으로 나은 환경에 있지만
상업 DB 업체를 통한 서비스는 학회와 크게 차이나지 않으며 연구 성과물인 학술논문에 대
하여 아직까지 대학부설연구소 스스로 오픈액세스로 제공하는 사례는 극히 드물다고 할 수
있다(손천익, 「대학부설연구소 학술지의 오픈액세스를 제언」, 『한국정보관리학회 학술대회 논
문집』, 한국정보관리학회, 2014, 79-81쪽).

6 누적성, 공유성, 공개성, 선취성의 특성에 대한 이후의 내용은 정경희, 「비영리 학술저작물의
   저작권 정책과 오픈액세스에 관한 연구」, 『정보관리학회지』 제24권 제4호, 한국정보관리학회,
   2007, 101-102쪽.

(2) 공유성(共有性)

학술논문의 공유성이란 연구자의 발견은 넓은 의미에 있어서 사회 구성원 전체의 공동 소유임을 말한다. 이것은 곧 학문의 성과물이 사회 공동체 전체에 확산되어 구성원 모두가 향유할 수 있도록 해야 함을 의미하지만, 현행 저작권법 체계에서는 이러한 학술논문의 공유성은 저작물에 대한 배타적 소유권을 전제로 하는 저작권 제도와 정면으로 충돌하여 제한되고 있다.

(3) 공개성(公開性)

학술논문의 공개성이란 연구자가 자신의 연구결과를 다른 연구자들에게 널리 공개하여 평판과 존경을 얻으려는 압박감을 가진다는 특성을 말한다. 연구자는 자신의 연구결과물을 배타적으로 소유하여 접근에 대한 통제를 통한 경제적 이익의 확보보다는 연구결과의 광범위한 배포를 통하여 공동체의 구성원들로부터 인정을 받고, 그것을 기반으로 또 다른 연구의 지원금을 확보하거나, 급여나 승진 등과 같은 간접적인 효과를 얻으려는 경향을 보인다. 그러나 이러한 공개성 또한 저작물에 대한 접근을 제한시키는 권한을 기본 작동 원리로 삼고 있는 저작권 제도와 상충된다.

(4) 선취권(先取權)

학술논문에 대한 선취권은 동료 연구자들로부터 특정 연구자의 새로운 연구업적이 그의 기여라고 인정받는 것으로써 얻어진다. 연구자가 학술지에 연구결과를 발표하는 것은 이러한 선취권을 확보하기 위한 수단이었다. 그러나 연구결과의 발표 그 자체만으로는 연구자 집단에 자신의 연구업적을 널리 인정받기는 어려우며, 그것은 광범위한 배포를 통한 공개를 전제로 가능하다는 점에서 학술논문의 공개성과 관련 있다. 즉, 광범위한 공개를 전제로 얻어질 수 있는 학술논문의 선취권 역시 저작권의 기본 속성과는 상반되는 특징을 가진다고 할 수 있다.

이러한 학술논문의 4가지 특성들은 다소 저작권법의 입장과는 상충되지만 서로 긴밀하게 연결되어 있어서, 누적성은 공유가 이루어질 때 가능해지며, 공유는 공개를 전제로 가능하고, 선취성 역시 공개를 전제로 가능하다 할 수 있다. 특히 학술논문에서 공개는 다른 3가지 학술 정보의 본성이 존재하기 위하여 반드시 필요한 기본 특성이라고 할 수 있다.

(5) 학술지 발행 기관의 우월적 지위

추가적으로 우리나라 학술논문의 경우 외국과 달리 상업 출판사가 학술논문의 출판 및 유통에서 주도권의 전권을 행사하고 있지 않고,

지식의 공공성 딜레마

학술지의 발행은 대부분 비영리를 목적으로 설립되어 운영되고 있는 학회나 대학부설연구소 등이 주관하고 있는데, 학술논문에 대한 저작권 귀속 관계를 명시한 학술지 규정의 유무에 대한 선행 연구에 따르면,[7] 학술논문의 저작권 귀속 관계가 불분명함에도 불구하고, 일부 학회(또는 대학부설연구소)가 투고된 논문에 대하여 일방적으로 권리를 행사하는 경우가 존재하는 점과 같이 학술지 발행기관의 우월적 지위가 어느 정도 인정되고 있는 것이 우리나라만의 학술논문에 대한 특징이라 할 수 있다.

3 학술논문과 저작권

1) 학술논문과 학술지의 저작권 관계

학술논문에 관하여 연구자가 저작권을 가지는 것이 일반적이지만 연구자는 자신의 학술논문을 학술지에 게재하면서 이에 대한 저작재산권을 학회에 양도하거나 이용허락을 하면서 저작권에 대한 권리를 넘겨주고 있다. 즉, 학술논문의 경우에 연구자가 저작권을 가지면서, 저작재산권은 양도할 수 있는데, 연구자는 자신의 학술논문을 학회지에 게재하면서 이에 대한 저작권을 학회 또는 대학부설연구소에 양도할 수 있는 것이다.

한편 학술논문이 아닌 학술지라는 편집저작물에 대한 저작권은 학

---

7 홍재현, 앞의 책, 480-481쪽.

회 또는 대학부설연구소가 가진다.

학술지가 편집저작물이기 때문에 학술지 전체를 그대로 복제하였을 경우에는 편집저작물에 대한 저작권까지 침해하는 것이며, 개별적인 학술논문들에 대한 저작권 침해가 이루어질 뿐만 아니라, 편집저작물이라는 학술지 전체에 대한 저작권까지 침해가 이루어진다. 개별적인 학술논문이 저작권에 의하여 보호받고 있고 이러한 개별적인 학술논문들에 의하여 학술지가 이루어져 있는 경우, 학술지 전체를 복제하는 경우에는 첫째, 개별적인 학술논문들에 대한 저작권 침해가 이루어질 뿐만 아니라, 둘째, 편집저작물이라는 학술지 전체에 대한 저작권까지 침해가 이루어진다. 따라서 개별적인 학술논문의 연구자로부터 허락을 받았다고 하더라도 학회지 전체를 복제하여 학술지와 동일한 내용의 자료를 만들었을 경우에는 학술지라는 편집저작물에 대한 저작권까지 침해된다.

학술지에 대하여 학회 또는 대학부설연구소가 편집저작물로서의 저작권자라고 한다면, 학회 또는 대학부설연구소가 개별적인 학술논문으로 이루어진 데이터베이스를 구축한 경우에는 데이터베이스 제작자로서의 권리도 가진다.[8]

---

8 학회(또는 대학부설연구소)에 따라 정도의 차이는 있지만 각 학회(또는 대학부설연구소)들은 학술지에 게재된 논문을 학회(또는 대학부설연구소)의 홈페이지에 올려놓고 일정한 검색 방법에 따라 검색할 수 있게 함으로써 데이터베이스를 구축할 수 있다. 데이터베이스는 "소재를 체계적으로 배열 또는 구성한 편집물로서 개별적으로 그 소재에 접근하거나 그 소재를 검색할 수 있도록 한 것"을 말하며(저작권법 제2조), 데이터베이스 제작자는 "데이터베이스의 제작 또는 그 소재의 갱신·검증 또는 보충에 인적 또는 물적으로 상당한 투자를 한 자"로 학회(또는 대학부설연구소)의 홈페이지 등에 존재하는 개별적인 학술논문들은 전체적으로 하나의 데이터베이스가 되며 학회(또는 대학부설연구소)는 이러한 데이터베이스의 제작자가 되며 데이터베이스 제작자로서의 권리를 가진다. 데이터베이스 제작자는 자신의 "데이터베이

또한 학술논문의 원문을 온라인상에서 제공하는 경우, 서비스 제공자는 개별적인 학술논문의 연구자나 학회(또는 대학부설연구소)로부터 저작권을 양도받거나 이용허락을 받아야 한다. 개별적인 학술논문에 대한 저작권이 연구자에게 있는 경우, 이에 대한 저작권을 양도받거나 이용허락을 받지 않은 학회(또는 대학부설연구소)로부터 역시 이용허락을 받거나 저작권을 양도받은 서비스 제공자의 서비스 제공은 저작권을 침해할 수밖에 없다. 학술지라는 편집저작물에 대하여만 학회가 저작권을 가지는 경우(개별적인 저작물에 대하여 학회가 저작권을 양도받지 못하였고 이용허락을 받지도 않은 경우), 서비스 제공자가 학회로부터 저작권을 양도받거나 이용허락을 받았더라도 서비스 제공자는 저작권을 침해할 수밖에 없다. 학회지를 구성하는 개별적인 학술논문에 대한 저작권과 이러한 개별적인 학술논문으로 구성된 학술지라는 편집저작물에 대한 저작권은 구별되고, 전자는 개별적인 연구자가 저작권을 가지며, 후자는 학회가 저작권을 가진다. 물론 개별적인 학술논문의 연구자가 학회에게 저작권을 양도하거나 이용허락을 하였을 경우에는 서비스 제공자가 학회로부터 역시 저작권을 양도받거나 이용허락을 받았다면 서비스를 제공하는 데 아무런 문제점이 있을 수 없다. 그러나 학회가 개별적인 연구자로부터 이용허락 또는 저작권을 양도받지 않은 경우, 서비스 제공자가 개별적인 연

스의 전부 또는 상당한 부분을 복제 · 배포 · 방송 또는 전송할 권리"를 가진다(저작권법 제93조 제1항). 이러한 권리는 데이터베이스의 제작을 완료한 때부터 발생하며, 그 다음 해부터 기산하여 5년간 존속하며(저작권법 제95조 제1항), 데이터베이스의 갱신 등을 위하여 인적 또는 물적으로 상당한 투자가 이루어진 경우에 당해 부분에 대한 데이터베이스 제작자의 권리는 그 갱신 등을 한 때부터 발생하며, 그 다음 해부터 기산하여 5년간 존속한다(저작권법 제95조 제2항).

구자로부터 이용허락을 받거나 저작권을 양도받지 않는 한, 서비스 제공자가 학회로부터 학술지에 대한 저작권을 양도받거나 이용허락을 받았다고 하더라도 서비스 제공자는 인터넷상에서 서비스를 제공할 수 없다. 왜냐하면 편집저작물에 대한 저작권은 소재라 할 수 있는 개별적인 논문들의 "선택·배열 또는 구성"에 창작성이 있고 이 부분에 대하여 저작권에 의하여 보호받기 때문이다.[9]

2) 학술논문과 저작권

(1) 저작인격권

저작인격권은 학술논문에 대하여 연구자가 가지는 인격적, 정신적 권리를 의미한다. 이러한 저작인격권은 연구자의 일신에 전속하는 권리로서 타인에게 양도하거나 상속할 수 없으며 연구자가 사망하는 경우에는 이와 동시에 소멸하는 것이 원칙이다. 저작인격권에는 공표권, 성명표시권, 동일성유지권 등의 권리가 인정된다(저작권법 제11, 12, 13조).

학술논문이 인터넷상으로 서비스 제공됨에 있어서 학술논문의 원문 그대로 제공되기 때문에 연구자의 성명표시권의 문제는 없어 보인다. 또한 학술논문은 대부분 학술지에 공표된 것이므로 공표권 침해 여부 또한 발생하기 힘들기 때문에 학술논문의 저작권을 가지는 연구자의 저작인격권이 침해되는 경우는 거의 없을 것으로 예상된다.

---

9 이대희, 『학술정보 원문 전자파일 저작권 및 행정절차에서의 활용 방안에 관한 연구 보고서』, 성균관대학교, 2006, 14-15쪽.

　지식의 공공성 딜레마

다만, 학술논문의 동일성유지권에 대한 침해 가능성은 극히 없어 보이지만, 학술논문을 이용하는 서비스를 제공함에 있어서 요약을 하거나, 초록을 추가하거나, 초록을 다른 언어로 번역하는 경우가 발생하게 된다면 학술논문이 온라인상으로 제공되는 서비스에 있어서 연구자의 인격적 이익과 관계되어 그나마 문제가 될 수 있는 권리이다. 그렇지만 학술논문과 같은 어문저작물에 대한 동일성유지권의 침해가 발생하는 경우는 학술논문의 내용이나 형식에 대하여 개변을 가하는 경우가 대부분이라 할 것인데, 학술논문의 데이터베이스를 구축하여 온라인상으로 원문 서비스를 제공함에 있어서는 개별적인 학술논문에 대하여 개변을 가하는 것은 서비스 제공의 성질상 불가능하거나 적절하지 않기 때문에 온라인상 서비스를 제공함에 있어서 학술논문의 형식이나 내용에 개변함으로써 생기는 동일성유지권 침해는 거의 발생하지 않을 것으로 보인다.

(2) 저작재산권 —— 복제권

① 복제권의 의의

복제권은 가장 전통적인 저작재산권 중의 하나로 저작권자가 타인으로 하여금 적법하게 저작물을 복제할 수 있도록 허락하는 권리이다. 개별적인 학술논문에 대한 저작권은 연구자가 가지고 서비스 제공자가[10] 학술논문의 원문을 인터넷상에서 서비스 제공하기 위해서

---

10 연구자를 제외한 학술 커뮤니케이션을 이루는 구성원은 크게 정부와 대학, 출판사, 도서관 등이 있다.

는 원문의 파일이 서비스 제공자의 서버에 복제되어야 하기 때문에 타인인 서비스 제공자가 자신의 서버에 학술저작물을 복제하기 위해서는 연구자의 허락이 반드시 필요하다고 할 수 있다.

학술논문의 원문을 인터넷상에서 이용할 수 있도록 하는 서비스를 제공함에 있어서는 기본적으로 원문을 그대로 복제하는 것이 일반적이므로 원문에 수정을 가한다거나 원문의 비문언적인 부분을 복제하거나 함으로써 실질적 유사성의 문제가 발생할 여지는 없지만, 서비스를 제공함에 있어서 원문의 요약본만을 서비스 제공하거나 초록을 추가하는 경우에는 실질적 유사성이나 2차적저작물의 문제가 발생할 수 있다.

② 학술논문의 복제의 방법

복제의 방법은 상당히 많이 존재할 수 있으며, 기계적, 전자적, 화학적인 방법에 의한 복제 외에 손으로 필사(筆寫)하는 것도 복제에 해당한다. 학술논문의 원문을 인터넷상에서 서비스 제공하는 경우에는 서비스 제공자의 서버에 원문이 복제될 것이 요구된다. 물론 CD에 담겨져 있는 학술논문 원문을 이용하여 서버에 학술저작물을 복제하지 않고서 서비스 제공하는 것도 가능하다.[11]

그러나 일부의 학술논문 분야에 대해서는 CD 등을 이용하여 복제하여 서비스를 제공하는 것이 가능하지만, 광범위한 학술저작물에 대한 서비스를 제공하기 위하여서는 학술논문들로 구성되는 데이터

---

11 법학 분야에 있어서 대법원 법원도서관에서는 논문의 원문 공개에 동의한 연구자들에게 "법고을 LX"라는 DVD를 제공하고 있다.

베이스를 구축할 수밖에 없고 따라서 서비스 제공자의 서버에 학술 논문이 복제되고 있으며, 학술논문의 원문을 인터넷상에서 이용할 수 있도록 하는 서비스를 제공함에 있어서는 기본적으로 원문을 그대로 복제하는 것이 일반적이라 할 수 있다.

(3) 저작재산권── 공중송신권

① 공중송신권의 의의

학술논문을 인터넷상에서 이용할 수 있도록 하기 위하여서는 학술 논문의 복제가 가능하고, 서비스 제공자가 학술논문의 데이터베이스를 구축하여 원하는 시간과 장소에서 접근하여 이용할 수 있게 하기 위해서 공중송신이 필요하다. 따라서 학술논문을 일반 이용자들을 상대로 서비스 제공하려는 자는 학술논문의 연구자에게 공중송신권을 양도 또는 이용허락 받아야 한다.

② 학술논문의 공중송신의 방법

저작권법상의 공중송신에 해당하는 대표적인 경우는 인터넷상에 웹사이트를 개설하여 학술논문이라는 콘텐츠를 올려둔 경우라 할 수 있다. 저작권법상의 공중송신이 이루어지기 위해서는 이용자들이 이러한 학술논문에 실제로 접근하여 복제함으로써 전송받는 것을 요하지 않는다. 공중이 이러한 웹사이트에 접근하여 학술논문을 이용할 수 있는 상태에 두는 것만으로도 이미 공중송신의 개념은 충족된 것이다. 따라서 웹사이트를 개설하여 학술논문을 공중이 접근하여 이용할 수 있는 상태에 둔 이상, 공중이 실제로 학술논문에 얼마나 접근하였는지, 접근하여 이용하였는지, 접근하였을 경우 몇 번이나 접근하였는지의 여부는 공중송신이 성립하는 데 아무런 문제가 되지 않는다. 그래서 학술논문이 웹사이트나 홈페이지를 위한 서버에 올려져서 공중이 접근할 수 있도록 제공된 때에 공중송신이 이루어진 것으로 본다.

인터넷 이용자가 웹상의 일정한 사이트에 접속할 수 있는 방법은 세 가지가 있을 수 있다. 우선은 어떠한 웹사이트의 주소를 알고 있다면 그 웹사이트의 URL을 직접 입력하여 접근하거나, 포털사이트와 같은 여러 검색엔진을 이용하여 웹사이트를 찾아낼 수 있으며, 대학의 도서관의 경우와 같이 접속하고 있는 웹사이트에 존재하는 링크를 통하여 자신이 접속하고자 하는 웹사이트에 접속하는 것이다.

(4) 저작재산권──2차적저작물작성권

① 2차적저작물작성권의 의의

학술논문으로 구성된 데이터베이스를 구축하여 온라인 서비스를 제공하는 경우, 2차적저작물작성과 관계되는 것은 일반적으로 초록을 새로이 추가하거나, 초록을 다른 언어로 번역하여 제공하는 것 등이다. 초록을 추가하는 것 등과 같이 초록으로 인하여 2차적저작물이 성립한다면, 학술논문 온라인 서비스를 제공하는 서비스 제공자는 학술논문의 연구자로부터 복제권 등 이외에 2차적저작물작성권에 대한 이용허락도 받아야 할 것이다.

　　　　　　　　　　　　　　　　　　지식의 공공성 딜레마

② 학술논문의 2차적저작물 작성 방법

우선 초록을 추가하는 것 정도로 인하여 원저작물인 학술논문과 다른 별개의 독립된 저작물이 되는 것은 인정할 수 없으므로 독립된 저작물 문제는 발생하지 않을 것으로 보이며, 학술논문의 원문에 있는 초록을 번역하는 경우에는 2차적저작물작성권의 침해 여부에 대하여 생각해 볼 수 있을 것이다. 다만, 초록이 학술논문의 내용을 축약한 것으로 학술논문의 일부를 차지하고 있기 때문에 중요한 의미를 부여할 수 있겠지만, 전체 학술논문에서 차지하는 비율이 아주 적은 경우라고 한다면 비록 초록에 창작성을 부여하는 등의 의미가 있다고 하더라도 이와 관련된 2차적저작물작성권 침해 문제는 크게 문제되지 않을 것으로 생각한다.

3) 학술논문의 저작권 관계

(1) 연구자와 학회(또는 대학부설연구소)의 관계

연구자는 자신의 연구성과물을 공식적으로 발표하기 위해 학회 또는 대학부설연구소에 논문을 투고하며, 이렇게 투고된 논문은 심사를 거쳐 게재 여부가 결정되고, 게재가 확정되었을 때 학술지의 저작권 관련 규정에 의하여 연구자의 저작재산권의 권리가 변동될 수 있다.

즉, 학술논문이 대부분 학술지를 통하여 공표되는 것이 일반적이므로 이러한 경우 연구자와 학회(또는 대학부설연구소) 사이에 누가 저작권을 가지는가에 대하여 명료하지 않은 경우가 있다. 이러한 저작권의 귀속 여부가 불분명한 경우에 학술지의 저작권 관련 규정에 대하여 저작재산권의 권리 귀속 주체는 연구자 본인인 경우, 학술지를 발행하는 학회(또는 대학부설연구소)가 되는 경우, 연구자와 학회(또는 대학부설연구소)인 경우로 구분할 수 있는데, 저작재산권의 귀속 주체가 연구자인 경우에는 학술논문의 저작재산권은 연구자가 소유하고, 인쇄물 및 디지털화한 전자매체의 복제 및 배포에 대한 권리를 학회(또는 대학부설연구소)에 위임하는 경우가 일반적이다.

또한 저작재산권의 귀속 주체가 학회(또는 대학부설연구소)가 공동으로 소유하고 있는 경우에는 게재된 학술논문의 활용 및 배포 또는 학술적 목적 이외의 사용 시에는 당사자 사이의 자유로운 계약에 의하여 정해진다. 그리고 마지막으로 저작재산권의 귀속 주체가 학회(또는 대학부설연구소)에 있는 경우에는 복제권, 공중송신권 등을 포함한 저작재산권 일체를 학회(또는 대학부설연구소)에 양도한다고 볼 수 있어서 저작권 귀속 여부에 대한 문제점을 다소 해소하고는 있지만, 일반적으로 연구자는 학회(또는 대학부설연구소)의 학술지를 통해서만 학술논문이 공표될 수 있기 때문에 대부분 학회(또는 대학부설연구소)의 저작권 관련 규정을 통하여 저작권 귀속 여부를 결정하지만, 연구자의 대부분이 학술논문에 대한 저작재산권을 학회(또는 대학부설연구소)에 양도(이용허락)하고 있는 상황이다.

(2) 학회(또는 대학부설연구소)와 서비스 제공자의 관계

학술논문의 대표적인 서비스 제공자에는 한국교육학술정보원

(KERIS)의 'RISS'와 한국과학기술정보연구원(KISTI)의 '과학기술학회마을' 등과 같은 정부출연기관과 개인사업기관으로 원문 DB 서비스 업체인 한국학술정보의 'KISS', 누리미디어의 'DBPIA', 교보문고의 '스콜라', 학술정보원의 'eArticle', 학지사의 '뉴논문' 등이 있으며, 각 기관은 기관마다 고유의 저작권 관련 규정(정책)을 마련하여 학회 또는 대학부설연구소와 자유롭게 계약을 체결하여 저작재산권 문제에 대한 부분에 접근하고 있다.

학술논문을 온라인 서비스로 제공하는 것은 연구자 또는 학회(또는 대학부설연구소)가 제공하는 경우보다는,[12] 서비스 제공자를 통하여 온라인 서비스가 되는 경우가 많기 때문에 서비스 제공자가 온라인 서비스를 하기 위해서는 저작권 자체를 가지고 있거나 연구자 또는 학회(또는 대학부설연구소)로부터 서비스 제공을 위한 저작권 양도(이용허락)를 받아야 한다. 일반적으로 온라인 서비스를 제공하기 위해서는 연구자 또는 학회(또는 대학부설연구소)로부터 '복제권', '공중송신권' 등의 저작권을 양도받거나 이용허락을 받는다. 그래서 학술논문의 연구자 또는 학회(또는 대학부설연구소)로부터 저작권을 양도받거나 이용허락을 받은 범위 내에서 학술논문의 온라인 서비스를 제공할 수 있는 것이다.

일반적으로 학회(또는 대학부설연구소)가 연구자로부터 저작재산권을 양도(이용허락)받기 때문에 서비스 제공자는 저작재산권을 연구자

---

12 한국연구재단의 '학술지 평가' 항목에는 학회에서 '온라인 접근(서비스)'를 할 수 있는지 여부가 중요한 평가 항목이기 때문에 학회에 따라서 온라인 서비스가 가능한 학회(또는 대학부설연구소)가 점점 늘어나고 있다.

가 가지고 있는 경우 등을 제외하고는 학회(또는 대학부설연구소)
와 저작재산권 부분과 관련된 계약을 체결하여 서비스를 제공하
고 있다.

(3) 서비스 제공자와 도서관의 관계

도서관에 따라 구독료에 대한 부담은 있지만, 저작권 관련으로 연
구자의 권리 보호와 이용의 균형을 유지하기 위해 컨소시엄 참여 등
의 방법으로 원문 DB 서비스 제공자와 계약을 체결하고 일정한 기
간 동안 정해진 범위와 방법으로 접속이 가능한 시스템을 구축하여
원문 서비스를 제공하고 있다.

4) 학술논문의 저작재산권 양도와 이용허락

(1) 저작재산권의 양도와 이용허락

저작권법은 "저작재산권은 전부 또는 일부를 양도할 수 있다"고
규정하고 있다(저작권법 제45조 제1항). 저작권은 경제적인 권리인 저
작재산권과 인격적 이익에 관한 저작인격권으로 구성되어 있는데,
저작인격권이 일신전속적인 것이어서 양도가 불가능함에 반하여 저
작재산권은 재산권으로서 저작권자의 의사에 따라 자유로이 양도할
수 있다. 저작재산권을 양도함에 있어서는 계약서를 작성하여 날인
하는 등 특별한 방식이 존재하지 않는다.

지식의 공공성 딜레마

또한 저작권을 비롯한 지적재산권의 보호 대상을 지적재산권자 자신에 의하여 직접 이용되는 경우도 있겠지만, 타인에게 이용허락을 하고 이용료를 받는 경우도 있는데, 저작재산권은 배타적인 권리이므로 저작권자의 이용허락 없이는 그 저작물을 이용할 수 없다. 이에 따라 "저작재산권자는 다른 사람에게 그 저작물의 이용을 허락할 수 있다"고 하여, 이러한 이용허락을 받은 자는 "허락받은 이용 방법 및 조건의 범위 안에서 그 저작물을 이용"하는 것이 가능하며, 이러한 이용허락에 의하여 "저작물을 이용할 수 있는 권리는 저작재산권자의 동의 없이 제3자에게 이를 양도할 수 없다"고 저작권법에서는 규정하고 있다(저작권법 제46조).

(2) 학술논문 저작재산권의 양도

저작권법 제45조에 따르면 저작재산권의 전부 또는 일부를 양도할 수 있으므로, 이에 따라 저작재산권의 일부를 양도하는 것이 가능하므로 학술논문의 저작권을 가지는 연구자는 권리의 다발인 저작재산권을 복제권, 공중송신권 등의 지분권으로 각각 나누어서 양도할 수 있으며, 또한 그 권리의 전부나 일부를 양도하되, 시간적 또는 장소적인 제한을 두어 양도할 수 있다. 게다가 저작재산권을 지역이나 장소를 한정해서 양도할 수도 있다.[13]

이 양도의 개념은 준물권(準物權)적이므로 저작재산권이 일단 제3자

---

13 박성호, 『저작권법』, 박영사, 2014, 411쪽.

에게 양도되면 저작권자는 자기의 저작권을 다시는 회복할 수 없다.[14]

저작재산권의 양도는 당사자의 의사 표시만으로도 그 효력이 발생하지만 저작재산권의 양도(상속 그 밖의 일반승계의 경우를 제외) 사실을 등록하지 아니하면 제3자에게 대항할 수 없으므로(저작권법 제54조 제1호), 저작권 양도의 등록은 양도에 대한 효력 발생 요건이 아니라 제3자에 대한 대항 요건이 된다는 점에 주의할 필요가 있다. 따라서 학술논문의 저작재산권을 양도받기 위해서는 ① 양도하는 구체적인 저작재산권의 내용, ② 양도하는 기간, ③ 양도하는 지역 등의 내용을 반드시 양도계약서의 내용을 명시해서 작성해야 할 것이다.

(3) 학술논문 저작재산권의 이용허락

일반적으로 저작권은 배타적 성격을 가지는 권리이므로 타인의 학술논문을 이용하려면 그 학술논문의 연구자인 저작재산권자로부터 허락을 받고 이용하여야 한다. 여기서 말하는 '학술논문의 이용허락'이란 저작재산권의 양도와 달리 연구자가 자신의 저작재산권을 그대로 보유하면서, 단지 허락을 받은 타인이 그 저작물을 이용할 수 있도록 승낙(동의)하는 의사 표시이다.

학술논문의 이용허락은 연구자의 학술논문을 이용하고자 하는 자 사이에 체결되는 학술논문 이용허락계약에 의하여 주로 이루어진다. 학술논문 이용자가 연구자와의 이용허락계약에 의하여 취득하는 이

---

14 홍재현, 앞의 책, 162쪽.

용권은 준물권으로서의 성질이 아니라, 연구자와 학술논문 사이에서만 미치는 채권적 성질을 가질 뿐이다.[15]

학술논문 이용허락의 종류에는 크게 단순이용허락과 독점적 이용허락의 두 가지로 나눌 수 있는데, 단순이용허락의 경우 연구자가 복수의 사람에 대하여 중첩적으로 이용허락을 해줄 수 있다. 따라서 단순이용허락계약에 의하여 이용허락을 받은 자는 그 학술논문을 이용할 수 있음에 그치고, 학술논문을 배타적·독점적으로 이용할 수 없기 때문에, 연구자로부터 동일한 이용허락을 받은 제3자가 있어도 이를 배제할 수 있는 어떤 권리도 가지지 아니한다. 결국 단순이용허락을 받은 자가 가지는 권리는 연구자에 대하여 자신의 이용 행위를 용인할 것을 요구할 수 있는 일종의 부작위청구권으로서의 성질을 가진다. 저작권법 제46조에서 규정하고 있는 이용허락은 다른 특단의 사정이 없는 한 단순이용허락을 규정한 것으로 볼 수 있다.

이에 반하여 독점적 이용허락이란 이용자가 연구자와의 사이에 일정한 범위 내에서 독점적인 이용을 인정하거나 이용자 이외의 다른 사람에게는 이용허락을 하지 않기로 하는 특약을 체결한 경우를 말한다. 그러나 이러한 독점적 허락도 채권적 성질을 가지는 점에서 단순이용허락과 차이는 없다. 그러므로 연구자가 그 이용자 이외의 다른 사람으로 하여금 저작물을 이중으로 이용하게 한 경우에는 독점적 허락을 받은 이용자가 다른 이용자를 상대로 금지 청구나 손해배상 청구를 할 수는 없다. 다만 이러한 경우에는 연구자를 상대로 하

---

15 임원선, 『저작권법』, 한국저작권위원회, 2014, 162쪽.

여 채무 불이행을 이유로 한 손해배상 청구를 할 수 있을 뿐이다.

따라서 저작물의 이용허락을 받은 자는 허락을 받은 이용 방법 및 조건의 범위 안에서 그 학술논문을 이용할 수 있다. 이용허락에 의하여 학술논문을 이용할 수 있는 권리는 신뢰 관계에 기초하고 있으므로, 연구자의 동의 없이는 제3자에게 이를 양도할 수 없음을 각별히 유념해야 한다.[16]

(4) 학술논문 저작재산권의 귀속 문제

연구자는 일반적으로 자신의 학술논문을 학술지에 게재하면서 이에 대한 저작재산권을 학회 또는 대학부설연구소에 양도할 수 있는데, 학술논문에 대한 저작재산권을 학회(또는 대학부설연구소)에 양도하거나 이용허락에 관한 사항이 명확하지 않게 되면 저작권법상 문제가 된다.

또한 학술논문의 원문을 인터넷상에서 제공하는 경우에도 서비스 제공자는 개별적인 학술논문의 연구자나 학회(또는 대학부설연구소)로부터 저작재산권을 양도받거나 이용허락을 받아야 한다. 개별적인 학술논문에 대한 저작재산권이 연구자에게 있는 경우, 이에 대한 저작재산권을 양도받거나 이용허락을 받지 않은 학회(또는 대학부설연구소)로부터 역시 이용허락을 받거나 저작권을 양도받은 서비스 제공자의 서비스 제공도 저작권을 침해한다. 학술지라는 편집저작물에 대하여만 학회(또는 대학부설연구소)가 저작재산권을 가지는 경우(개별

---

16 홍재현, 앞의 책, 165쪽.

지식의 공공성 딜레마

적인 학술논문에 대하여 학회 또는 대학부설연구소가 저작재산권을 양도받지 못하였고 이용허락을 받지도 않은 경우), 서비스 제공자가 학회(또는 대학부설연구소)로부터 저작재산권을 양도받거나 이용허락을 받았더라도 서비스 제공자는 저작재산권을 침해할 수밖에 없다.

최근에는 이러한 저작재산권의 양도 또는 이용허락에 대한 명확한 내용을 적시하지 않음으로 인하여 발생하는 여러 가지 법적 분쟁에 대한 인식이 높아졌으며, 2015년 1월 15일 문화체육관광부에서도 저작재산권 양도 또는 이용허락을 위한 표준계약서를 만들어서 배포하는 등 저작재산권 양도와 이용허락에 대한 연구자의 권리 강화를 위한 분위기가 조성되고 있다.

국외의 경우에는 저작권 양도 동의서의 사용이 일반적이며, 양도되는 저작권의 범위와 내용에 대해 자세히 기재하고 있기 때문에 획일화되고 단편적인 내용으로 구성된 투고 규정을 보완하는 역할을 하고 있다. 또 저자의 확인 서명이 포함되므로 양도의 법적 근거가 되고 있어서,[17] 현재 우리의 경우보다는 연구자를 더 보호하는 측면이 강하다고 할 수 있다.

① 저작재산권의 전부 양도 또는 이용허락 검토

연구자가 자신의 논문을 학술지에 게재할 목적으로 학회 또는 대학부설연구소에 투고할 때 저작권을 전부 양도함으로써 학회(또는 대학부설연구소)가 저작권의 귀속 주체가 되는 경우를 말한다. 저작재산

---

17 최윤형, 김성원, 「국내 학술지 논문의 저작권 귀속 현황 연구」, 『한국정보관리학회 학술대회 논문집』, 한국정보관리학회, 2012, 31쪽.

권의 전부가 학회(또는 대학부설연구소)에 귀속될 경우에는 학회 또는 대학부설연구소에서 당해 학술지에 수록한 논문의 저작권을 일괄적으로 관리할 수 있고 각 연구자가 개별적으로 저작권 문제에 신경을 쓰지 않아도 되므로 연구자 입장에서는 이점이 있을 수 있다. 하지만, 학회가 저작재산권을 보유하고 있음에도 불구하고 논문에 수록된 내용의 책임성 문제가 대두될 때는 연구자에게 전가시키고 있어서 저작재산권 소유와 논문 내용에 대한 책임성이 별개로 움직일수도 있다. 또한, 지금까지 묵시적인 저작재산권 양도의 관행이 학회(또는 대학부설연구소)의 상업적 이용 또는 제3자에게 출판권까지 양도한 것으로 보아야 하는가의 문제도 발생할 수 있다.[18]

② 저작재산권의 부분 양도 또는 이용허락 검토

연구자가 학술지에 논문을 투고할 때 출판권 및 배포권 등과 같이 일부만 양도하며, 저작재산권 전체를 일괄 양도하지 않음으로써 저자 자신이 저작권을 보유하는 경우이다. 이러한 경우에는 저작권을 확보하지 못한 학회(또는 대학부설연구소)의 입장에서는 개인의 셀프 아카이브와 무료 이용에 따른 재정의 악화 등을 생각해 볼 수 있다.

대학부설연구소의 경우에는 대학에서 직·간접적으로 지원을 해주기 때문에 학회의 경우보다는 직접적 피해가 더 적을 것이며, 학회의 경우에도 바람직한 학회 운영을 생각한다면 학회의 구성원 모두가 회비 납부 등과 같이 학회 운영에 도움이 될 수 있도록 노력한다

---

18 윤희윤, 이재민, 「국내 학회지 논문의 저작권 귀속현황과 개선방안」, 『정보관리연구』 제17권 제1호, 한국과학기술정보연구원, 2006, 26-27쪽.

면 어느 정도 해소할 수 있는 부분이라고 본다. 다만, 그동안 학회 또는 대학부설연구소가 발행하는 학술지를 통하여 상업적 이익이 얼마나 창출되었는지에 대한 부분을 정확하게 파악하기가 어렵기 때문에 상업적 이익의 포기에 대한 불이익을 정확히 예측하기는 어렵다고 할 수 있다.

③ 저작권에 대한 연구자의 기존 입장

학술논문의 저작재산권을 둘러싼 당사자들은 학술논문의 작성, 편집, 배포 및 유통의 체계와 맞물려서 존재한다. 그동안 학술 영역에서 저작권의 역할은 매우 제한적이었다. 저작권의 존재가 별로 드러나지 않았다고 볼 수 있는데, 학술지에 저작권 관련 규정이 없는 경우가 많았고 논문에 대한 소유 관계도 불명확했다. 그렇다고 해서 이러한 모호함이 문제가 되지도 않았다. 그 이유는 학자들이 논문을 쓰는 이유가 무엇인지를 생각해 보면 쉽게 유추할 수 있다. 경제적 보상, 즉 직접적으로 논문을 이용하여 금전적 이득을 취하려는 의도에서 논문을 쓰는 사람은 별로 없다. 그보다는 연구의 결과를 동료들과 공유하고 그들로부터 인정을 받거나 명성을 얻기 위한 측면이 강하고, 직업적인 측면에서는 구직이나 승진, 기금 확보 등을 위해 논문을 쓴다고 볼 수 있다. 표절과 같은 윤리적인 문제가 아니라면 논문에 대한 재산권이나 소유권 문제가 쟁점이 될 상황이 생기지 않은 것이다.[19]

그동안 자신의 논문이 되도록 다수의 독자에게 읽혀지는 것에 더

---

19 우지숙, 「저자는 어디에 있는가?──국내 학술논문의 저작권 논의에 대한 비판적 고찰」, 『언론과 사회』 제16권 제3호, 성곡언론문화재단, 2008, 99쪽.

큰 관심을 두고 있는 연구자의 모습을 볼 때 저작권을 대하는 연구자의 태도는 앞으로도 쉽게 바뀌지는 않을 것으로 보인다.

(5) 학술논문 접근료(이용료)의 지급 문제

연구자가 학술논문의 최대 이용자이기는 하지만 기본적으로 학술논문은 연구자 자신이 직접 이용하기보다는 타인이 이용하도록 허락하고 이용에 따른 접근료(이용료)의 지급에 따른 수익을 얻는 것이 일반적인 것이라 할 수 있는데, 이용료의 지급 방법에 대해서는 당사자 간의 자유로운 계약(합의)에 따르게 될 것이다. 접근료(이용료)의 지급과 관련하여 서비스 제공자가 학회 또는 대학부설연구소에 지원금과 같은 직접적인 금전의 지급뿐만 아니라 명목에 관계 없이 일정한 물적 설비를 제공하는 것도 접근료(이용료)의 지급의 한 모습이라고 할 수 있을 것이다.

4 학술논문과 오픈액세스

1) 오픈액세스의 개념

(1) 오픈액세스의 배경과 목적

오픈액세스(Open Access, 이하 'OA'라 한다)는 1994년 스테반 하네

드(Stevan Harnad)에 의해 제창된 셀프아카이브 등을 기반으로 하여, 2002년 2월 부다페스트 선언문(Budapest Open Access Initiative),[20] 2003년 6월 베데스다 선언문(Bethesda Statement on Open Access Publishing),[21] 2003년 10월 베를린 선언문(Berlin Declaration on Open Access to Knowledge in the Sciences and Humanities)[22] 등 세 개의 선언문에 OA의 개념에 대하여 언급되기 시작했다. 부다페스트 선언문은 이용자가 동료심사제 학술지에 수록된 논문을 경제적, 법적, 기술적 제한 없이 자유롭게 읽고 다운로드하고 복제, 배포, 인쇄, 링크하고 무료로 제한 없이 온라인에서 이용할 수 있는 것이라고 OA를 정의하고 있다. 이를 실현하기 위한 2가지 보완적인 전략으로 셀프아카이빙과 OA 학술지를 권하고 있다. 이 선언문은 학술논문이 가능한 널리 배포되어야 하므로 더 이상 저작권으로 인하여 연구자들이 출판한 자료에 대한 접근이나 이용이 제한되지 않도록 해야 하고 오히려 저작권을 모든 학술논문에 대한 영구적인 오픈액세스를 강화하는 데 사용해야 한다고 밝히면서 OA 학술지가 이를 실현시켜 줄 수 있다고 하고 있다. 또한 비용도 접근 장애를 발생시키므로 OA 학술지는 접근료나 구독료를 부과하지 않고 출판 비용을 다른 방법으로 충당할 것을 권하고 있다. 베데스다 선언문은 오픈액세스가 학술지나 출판사에 대한 것이 아니라 개별 저작에 대한 특성이라고 한정하면서 오픈액세스 출판에 대한 요건을 제시하고 있으며, 베를린 선언문은 원래의 과학 연구 결

---

20 http://www.soros.org/openaccess/read.shtml

21 http://legacy.earlham.edu/~peters/fos/bethesda.htm

22 http://openaccess.mpg.de/Berlin-Declaration

과, 원데이터, 메타데이터, 디지털화된 그림과 도표, 학술적 멀티미디어 자료 등을 기고문(contributions)이라고 정의하면서 OA 기고문의 요건을 제시하고 있다. 이 베데스다 선언문과 베를린 선언문에서 제시한 요건은 ① 저자와 저작권자가 모든 이용자들에게 저작물을 자유롭게 영구히 접근할 수 있도록 하고, 복제, 배포, 전송할 수 있도록 허락하는 것과, ② 그러한 저작물이 학술기관이나 학회, 정부기관 또는 안정된 조직의 리포지터리(repository)에 출판과 동시에 즉시 기탁되도록 하는 것이다. 요약하자면, 위의 세 선언문에 제시된 OA의 요건은 모든 이용자에게 접근을 제공해야 한다는 점, 출판과 동시에 접근을 제공해야 한다는 점, 영구적인 아카이빙이 가능해야 한다는 점, 학술논문의 접근을 제한하는 데 저작권을 사용하지 말 것, 구독료나 접근료로 접근을 제한시키지 말 것 등이다.[23]

OA의 목적에는 연구 정보의 공평한 접근을 보증하여 연구자에 널리 알려 연구의 발전을 촉진하기 위한 OA의 목적과 공공 기금의 지원에 대한 사회적 책임을 목적으로 한 대중에 대한 OA의 2가지의 의미를 포함하고 있다. 후자의 OA는 특히 퍼블릭 액세스(Public Access)라고 부르며, 구독비가 들지 않는 OA 출판 활동에 대하여 반대의 입장을 보였던 거대 출판사들도 최근에는 적극적으로 OA 학술지를 창간하는 움직임을 보이고 있는데, 신간 학술지의 상당수는 OA 학술지라는 보고도 있으며, OA에 대하여 가장 보수적이라고 할 수 있는 미국화학회도 2014년에 OA 학술지를 창간하는 시대

---

23 정경희, 「오픈액세스 수입원 분석을 통한 국내 학술지의 성향 연구」 『한국정보관리학회지』 제44권 제3호, 한국정보관리학회, 2010, 139쪽.

가 되었다. OA 학술지의 디렉토리인 DOAJ(Directory of Open Access Journals)에 수록하고 있는 OA 학술지는 2013년 말까지 10,000타이틀을 넘고 있으며 OA 학술지명과 OA 학술논문 수의 증가도 가속화되고 있다. OA 의무화를 선도하고 있는 미국국립보건원(NIH)은 OA 방침운용의 과격화에 의해 미국국립보건원이 준비한 OA 플랫폼인 PubMedCentral에 논문을 등재하는 것이 급증하고 있으며, 조성 대상의 연구성과의 OA 준수율도 80% 정도로 추정된다는 기사도 있다. 유럽위원회(European Commission, EC)의 보고서에서도 현재 이미 세계 각국에서 학술논문의 50%에 무료로 액세스가 가능하고, OA는 '전환점(Tipping Point)을 넘었다'고 하였다. 유럽위원회의 자료에 의한 OA의 잠재적인 편익에는 ① 연구를 가속화하여 성과를 쉽게 찾을 수 있게 하는 것으로 연구개발투자의 비용 대 효과를 상승, ② 같은 연구를 반복하는 것을 피하여 연구개발 비용을 절감, ③ 경계 영역이나 다영역, 걸친 연구의 기회를 늘려, 다분야의 협조를 구함, ④ 연구결과의 상업화를 빠르게 넓힌다는 관점에서 보면 공공 연구개발 투자의 성과를 올리고 과학 정보를 기반으로 한 새로운 산업을 창출, ⑤ 연구개발 투자의 비용 대 효과의 계측을 위해 조성 단체의 평가자가 조성한 연구의 성과에 자유롭게 접근할 수 있다는 이익 등이 있다고 한다.[24]

　일반적으로 학술논문을 OA로 전파하는 데는 크게 두 가지 방법이 있다. 하나는 OA 리포지터리나 저자의 웹사이트 등에 논문의 전자

24　林 和弘, "新しい局面を迎えたオープンアクセスと日本のオープンアクセス義務化に向けて", 『科學技術動向研究』第142號, 科學技術 · 學術政策研究所, 2014, 25-27面.

본을 등재해 전 세계 이용자가 이용할 수 있게 하는 그린 OA(Green OA)이다. 다른 하나는 OA 전문 학술지 또는 OA 옵션이 있는 기존 학술지, 이른바 하이브리드 학술지에 논문을 출판하는 골드 OA(Gold OA)이다. 그린 OA의 경우에는 2008년 연구비 수혜 논문의 경우 출판된 지 6개월 또는 1년 이내에 OA 하도록 한 미국의 국립보건원이 대표적인 사례이다. 이후 2013년 미국의 NSF(National Science Foundation)와 연방정부까지 OA 정책을 적극 수용하기 시작하였고, 이와 같은 추세가 지속된다면 그린 OA는 조만간 매우 광범위하게 확산될 것으로 보인다. 골드 OA의 경우에는 2005년부터 연구비 외에 별도로 OA 출판 요금을 부담해 골드 OA를 촉진하고 있는 영국의 웰컴재단(Wellcome Trust)이 좋은 예가 될 것이다. 이러한 국가별 OA 정책에 의하여 학술논문 OA는 시간이 갈수록 계속 증가하고 있고, 현재 전체 학술지 논문 가운데 그 비중은 20-30%에 달하고 있다. OA 학술지가 1993-1999년 도입기, 2000-2004년 발전기, 2005-2009년 완숙기를 거쳐 현재에 이르렀는데, 도입기에는 OA 학술지와 OA 논문의 성장세가 매우 두드러졌다. OA 학술지는 거의 대부분 매우 단순한 플랫폼으로 연구자 개인 또는 집단에 의해 출판되었다. 이 시기 OA 학술지는 비즈니스 모델을 온전히 갖추기보다는 오픈소스 소프트웨어와 같이 연구자의 자발적인 참여로 운영되는 경우가 많았다. 발전기에는 OA 전용 학술지와 OA 논문의 강한 성장세가 유지되었다. BMC 등과 같은 출판사는 'Author Pays Model' 즉 '저자 지불 모델'이라는 새로운 비즈니스 모델을 도입하기도 하였다. 2004년에는 주요 출판사가 하이브리드 학술지 모델을 본격적으

지식의 공공성 딜레마

로 운영하기 시작하였다. 2005년부터 시작된 완숙기에는 도입기나 발전기와 달리 OA 학술논문의 증가세가 다소 둔화되는 모습이었다. 그럼에도 불구하고 OA 학술논문 성장률은 20% 안팎을 유지하였다. 이 시기에 이르러 OA 출판 인프라가 확실하게 제자리를 잡게 되었고, DOAJ(Directory of Open Access Journals)도 제 역할을 하게 되었다. 아울러 새로운 상업적인 OA 출판사도 나타나기 시작하였다. 또한 선도적인 연구 후원 기관에서 OA 출판에 필요한 '논문 처리 수수료(Article Processing Charge)'를 연구성과물 확산에 필요한 비용으로 인식해 지불하기 시작하였고, 이에 힘입어 저자도 본격적으로 OA 학술논문 출판에 관심을 갖기 시작하였다. 이후 일부 연구 후원 기관과 대학은 저자에게 논문 처리 수수료를 지원하고 이들의 지원에 따른 귀속 논문임을 표시하여 OA 출판을 장려하기에 이르렀다.[25]

(2) 오픈액세스의 국제적 동향

OA와 관련된 다양한 움직임은 현재 세계 수준에서 진행되고 있다. OA 의무화의 상황을 공개하는 리포지터리인 ROARMAP (Registry of Open Access Repositories Mandatory Archiving Policies)에 의하면 2014년 1월 현재 49개국에서 OA 의무화 정책을 책정하고 있으며 이 정책 수는 약 400개에 이르며, 연구 조성 단체의 의무화 정책도 계획 중인 것도 약 100개에 가깝게 수가 많은 것을 고려하면 전

---

25 이와 관련된 자세한 연구는 신은자, 「오픈액세스 확산을 위한 APC 지원 정책에 관한 연구」『정보관리학회지』제31권 제3호, 한국정보관리학회, 2014, 250-252쪽 참고.

세계적으로 OA와 관련된 다양한 움직임이 진행되고 있음을 확인할 수 있다.[26]

① 유럽연합

유럽연합(EU)의 R&D를 담당하는 기구는 유럽위원회이다. 유럽위원회에서 2006년 1월에 연구성과의 유통과 접근에 대해 연구한 "과학 출판 시장에 대한 보고서"를 발표하였다. 이 보고서에서는 학술지 가격에 대한 분석 그리고 기술 혁신과 가격 전략 및 정책에 대해 분석뿐만 아니라, 과학 출판물의 유통과 접근을 위한 다양한 대안 방식에 대하여 개인 홈페이지 또는 리포지터리에 포함되어 있는 연구성과에 대한 접근이나 OA 학술지와 지불 방식을 통한 접근(pay-per-view)과 같은 다양한 대안들에 대한 논의가 보고되었다.

보고서에 의하여 제안된 주된 내용 중에는 과학 출판 과정에서 연구성과의 접근 강화 측면에 대한 제안으로 공공 기금으로 이루어진 연구성과에 대한 접근을 보장하라는 것이다. 구체적 방안으로는 유럽위원회의 기금으로 이루어진 연구는 일정 기간이 지난 후에 OA 아카이브에서 이용 가능할 수 있도록 출판된 학술논문을 기탁하도록 하는 유럽 차원의 정책을 설립하는 것, 그리고 이러한 정책과 리포지터리가 실행될 수 있는 방식을 유럽의 연구자와 대학 연합의 협의를 통하여 개발하는 것을 그 내용으로 하고 있다.

이후 유럽위원회에서는 2013년 12월 유럽 연구, 이노베이션 프

---

26 林和弘, 前揭論文, 27面.

로그램 Horizon2020을 발표하여, 연구성과의 OA를 디폴트로 규정하고 이후 공적 조성 연구 데이터 공개 프로그램 'Pilot on Open Research Data'를 개시할 것을 발표하여, OA의 가이드라인을 공개하고 있다.

② 영국

영국에서는 영국 하원 과학기술특별위원회(UK House of Common Science and Technology Select Committee)가 2003년 10월 과학 출판물에 대한 광범위한 조사를 실시한 후 2004년 7월 학술 출판 시장을 개선하기 위한 추진 전략 수립을 정부에 권고함으로써 OA 정책의 시작을 알렸다. 이후 영국연구재단(RCUK)가 2005년 6월 연구성과의 접근에 대한 정책 초안을 발표한 후, 2007년 11월까지 영국연구재단 산하에 있는 7개 연구위원회가 각 위원회에 맞는 오픈 액세스 정책을 제시하였고, 2007년 2월 영국과학혁신부(UK Office of Science and Innovation)는 영국연구재단의 OA 의무화를 지지한다고 표명하기도 하였다.

연합정보시스템위원회(Joint Information System Committee, JISC)에서는 2007년 4월 OA 리포지터리인 'The Depot' 프로젝트를 착수하였는데, 주된 내용은 연합정보시스템위원회의 지원을 받은 연구성과물을 기관 리포지터리에 제출할 것을 요구하고, 기관 리포지터리가 없을 경우 'The Depot'에 제출할 것을 의무화하였다.[27]

---

27 'The Depot'를 통하여 영국 대학에서 리포지터리로의 게이트웨이 역할을 수행하고, 기관 리포지터리를 구축하지 못한 연구자를 위하여 국가 리포지터리를 통하여 자신의 연구논문, 학

또한 UKPMC(UK PubMed Central)는 2008년부터 공공 접근 정책을 실시하여, 7개 연구기금기관의 지원을 받은 연구결과물인 학술논문은 UKPMC에 의무적으로 등재하도록 하여 90% 이상의 연구결과가 UKPMC에 등록되고 있다. 또한 이 중에서 영국 민간 최대의 연구조성기관인 웰컴재단은 2006년 10월 1일 이후부터 학술논문을 발표한 이후 6개월 이내에 PMC 또는 UKPMC에 등록하도록 의무화했으며, 2009년 초부터 의무화 준수를 더욱 강화하였다. 그리고 영국의 연구정보네트워크(Research Information Network) 및 고등교육 대표기구인 'Universities UK'는 OA 학술지에 논문 처리 수수료 등의 출판 경비를 책임 저자가 지불하는 지침을 2009년 3월 공표하기도 하였다. 그리고 2012년 핀치 보고서(Finch Report)를 기초로 하여 공적 자금에 의한 연구성과물에 대한 골드 OA(자유 이용 가능한 온라인 학술지에 직접 최초로 공표하는 것)에의 이행을 진행하고 있으며 보조금 지원을 결정하였다.[28]

이후 영국연구재단은 2013년 공공 재원으로 지원한 연구성과물인 학술논문을 연구자는 물론 일반인 모두에게 무료로 공개함으로써 공공 투자에 대한 경제적, 사회적 환원 효과를 거둔다는 취지를 담은 OA 정책을 공표하였다. 이러한 OA 정책의 시행은 후속 연구를 촉진하고, 예산 집행의 투명성을 확보하며, 학술논문을 자유롭게 이용할 수 있다. 따라서 이용자층의 다변화와 이용의 대중화 등의 이익이 있

술기사 등의 e-prints를 기탁하게 하는 서비스를 제공하는 것을 목적으로 하고 있다. 대학 또는 연구기관의 누구나 사용 가능하다.

28 http://blogs.biomedcentral.com/bmcblog/2012/11/01/uk-government-stands-up-for-open-access-with-a-10-million-funding-boost/(2015년 5월 20일 방문)

지식의 공공성 딜레마

으므로 연구비의 전액 또는 일부를 지원받은 모든 학술논문은 반드시 영국연구재단의 OA 정책을 준수할 것을 분명히 하였고, 각 대학 및 연구기관에게 OA 정액보조금(block grant)을 지원하고 있고 2018년까지 향후 5년간 그 성과를 주시할 계획이다.[29]

③ 미국

미국의 OA와 관련된 관련 법제화 움직임에는 미국 연방정부 차원에서 존 코닌(John Cornyn) 상원의원이 2006년 5월에 제안한 『연방정부 공공접근 법안(FRPAA, Federal Research Public Access Act)』이 있다. 법안의 주요 내용은 매년 1억 달러 이상의 연구비 예산을 집행하는 11개 정부기관을 적용 대상으로 하여, 연방정부의 연구기금으로 수행된 모든 연구성과물에 대해 OA를 의무화하자는 것으로, 연구 성과물을 6개월 이내에 의무적으로 기탁하도록 하는 것을 주요 골자로 하고 있다. 『연방정부 공공접근 법안』은 제안 당시 이해당사자 간에 격렬한 찬반 논쟁이 있었는데, 이후 『연방정부 공공접근 법안』의 내용에 연구성과물을 PubMed Central과 같이 연방 정부에서 운영하

---

29 영국연구재단(RCUK)은 OA 정액보조금을 논문처리 수수료로 지출하는 것을 원칙으로 하고, 저자가 재직하고 있는 대학이나 연구기관에게 논문처리 수수료 집행 업무를 위탁하면서 OA 정액보조금을 컬러 인쇄나 초과 분량 수수료에 지출하는 것 등과 같은 소소한 사항은 각 대학 및 연구관의 재량에 맡기지만, 정액보조금 지원의 근본 취지는 논문처리 수수료 부담에 있다고 하여 심사제를 운영하고 있는 학술지에 논문을 투고하여 심사를 통과한 논문에 한해 논문처리 수수료를 지불하도록 하고 있다. 한편 영국왕립화학회(Royal Society of Chemistry)를 비롯한 학회 및 출판사는 학술지 구독기관에서 지불하는 구독료에 비례하여 저자에게 논문처리 수수료 크레딧을 주는 방법을 제안하기도 하였다. 영국의 OA 정책 및 논문처리 수수료 부담과 관련한 자세한 사항은 신은자, 「오픈액세스 확산을 위한 APC 지원 정책에 관한 연구」 『정보관리학회지』 제31권 제3호, 한국정보관리학회, 2014, 256쪽 이하 참고.

는 온라인 리포지터리에 기탁하여 안전하게 보존할 것을 권고하는 내용과, 기존 2006년 법안에서 연구성과물의 6개월 이내의 의무적 기탁 기간을 6개월 이내에서 1년 이내로 연장하는 내용을 수정한 법안을 2009년에 다시 존 코닌(John Cornyn) 상원의원이 2010년 9월에 다시 의회에 제출하였지만, 이를 반대하는 법안(Fair Copyright in Research Works Act)도 동시에 진행되었다. 결국 공공 연구 성과물의 OA를 위한 이 법안은 2012년 2월에도 다시 제출되었고, 입법을 위한 노력을 계속했지만 지금까지 법제화가 되지는 못하였다.

그리고 과학기술 분야에 있어서 2013년 2월 연방정부 조성 연구의 OA 의무화 법안 『Fair Access to Science and Technology Research Act』(FASTR)가 제출되었고, 2013년 9월에는 미항공우주국(NASA), 국립과학재단(NSF), 국립표준기술연구소(NIST), 국립기상국(NWS)의 조성에 대한 OA를 의무화하는 법안 『The Public Access to Public Science Act』가 제출되는 등 백악관과 연방정부의 모든 기관의 OA 방침을 담은 정책을 법제화하기 위한 노력을 기울이고 있다.

한편 미국의 OA와 관련된 정책적 움직임에는 우선 미국국립보건원의 공공접근 정책이 있다. 미국국립보건원의 공공접근 정책은 미국생물정보센터(National Center for Biotechnology Information)의 소장인 데이비드 리프먼(David Lipman)에 의해 2004년 4월에 처음 제안되어 2005년 5월 2일부터 권고 사항으로 미국국립보건원의 지원을 받아 매년 출판하는 87,000편 이상의 양질의 논문을 전 세계의 모든 사람에게 무료로 제공하여 인류의 건강을 증진시키는 것을 목적으로 추진되었다. 이후 미국국립보건원 공공접근 정책은 2008년 4월 7일에 시행된 이후 미국 정부의 지지를 얻어, 2009년 3월 19일에 앞으로도 지속적으로 지원한다는 대통령의 서명을 받음으로써 영구적인 정책 기반을 마련하였다. 오바마 대통령이 서명하여 공고한 『2009년 통합예산법』에 포함된 OA 정책 관련 부분에 따르면, 앞으로 미국국립보건원의 지원을 받은 모든 연구자는 연구논문의 공식 간행일로부터 12개월 이내에 동료 심사가 끝난 최종 원고(peer-reviewed manuscripts)의 전자 파일을 NLM의 PMC에 제출하여야 하며, 제출 의무를 이행하지 않으면 연구비를 받은 연구자는 추후 연구비를 받을 때 불이익을 받도록 하였다.[30]

④ 일본

한편 일본의 경우에도 국가적으로 OA 제도에 대한 검토가 이루어지고 있으며, 일본 문부과학성에서는 2013년의 학위 규칙을 개정하여 2013년 4월 이후에 박사학위 논문의 OA화를 원칙적으로 의무화하였으며, 제4기 과학기술기본계획, 과학기술 학술심의회 학술분과회 등의 보고서에서 연구성과의 OA를 추진해야 한다고 명기하고 있다. 또한 국립대학 도서관협회에서도 OA에 관한 목소리를 높이고 있다. 다만, 일본의 연구자는 전체적으로 아직 OA에 관한 강한 의식

---

30 2008년 4월 7일 이후 미국국립보건원의 연구비 지원을 받은 연구자는 ① PMC에 등재된 학술지에 논문을 게재, ② 학술지 출판사에서 해당 논문을 PMC에 제출, ③ 최종 출판한 논문을 저자가 직접 PMC에 제출, ④ 최종 게재 허락된 논문원고를 저자가 직접 PMC에 제출하는, 4가지 방법 중에 한 가지를 선택하여 발표한 논문 결과를 발표 1년 이내에 NIH가 지정한 공공접근 기록보관소(public access repository)인 PMC에 제출하여야 한다(서태설, 허선, 노경란, 「학술논문 오픈액세스를 위한 공공접근정책 방향」『KISTI 지식리포트』제4호, 한국과학기술정보연구원, 2009, 11–13쪽).

이 있다고 말하기 어렵다. 그러한 와중에 일본 학술회의 과학자 위원회 학술지 문제 검토분과회에서는 일본의 학술지의 OA 강화에 관련하여 세계의 OA 동향과 그 대응에 대한 여러 가지 논의를 했었다.[31]

이러한 OA의 국제적 동향[32]을 분석해 보면 앞에서 소개한 정책의

---

31 여기에서 논의된 중요한 내용은 모든 분야, 연구자가 일률적으로 OA화의 편익을 얻는 것이 아니라 불이익을 얻은 경우, 연구자, 국민 모두에게 이익이 거의 없는 경우도 존재한다. 예를 들어 생명과학계의 연구에 대해서는 오픈 이노베이션과 지적재산권 전략에 상충이 일어나기 쉬우며, 연구자에 의한 연구성과의 적극적인 공개에 대해서도 태도가 갈려 있다. 소립자물리에서는 학술지에 투고하는 동시에 pre-print server(arXive)에 그 원고를 공개하는 문화가 이미 존재하고 있어, OA화하는 것보다 메리트가 비교적 약하다. 다른 이학계의 산업에 직결되는 분야나, 비교적 적은 인원으로 커뮤니티를 형성하고 있는 인문사회계에서도 인명과 직결되기 쉬운 의료 정보와 비교하면 그 커뮤니티 외의 전문적 정보 공개의 메리트가 적은 상황이다. 실제로 영국의 조사에서는 분야에 따른 OA화의 정도에 차이가 있음을 확인할 수 있었다. 연령이나 연구 경험이 길수록 OA에 대한 의식이 다르다는 보고도 있다. 선도적인 국가의 OA 방책을 참고하면서 분야에 관계 없이 일률적으로 의무화를 추진하는 것으로 리스크가 있다는 의식이 있어, 연구자를 포함한 관계자에서 그 국가의 사정에 대응한 정책을 구축할 필요가 있다(林 和弘, 前揭論文, 28-29面).

32 그 밖에 ① 호주의 경우 호주생산성위원회(Australian Government Productivity Commission, AGPC)는 2006년 11월 공공접근 정책을 제안하는 보고서를 발표하였는데, 호주의 정부기금 지원기관인 호주연구재단(Australian Research Council, ARC)은 2008년부터 연구비를 지원받은 연구자는 OA 리포지터리에 연구성과물을 기탁할 것을 명시하는 내용의 정책을 실시하였다. ② 네덜란드의 경우 이미 NARCIS라는 네덜란드 국가 과학 정보 게이트웨이를 구축하여 170,000편의 과학 학술논문을 공개하고 있음에도 불구하고 네덜란드 고등교육부는 과학 학술 연구결과를 개방하는 것을 더 촉진시키려는 의도로 2009년을 'OA의 해'로 정하는 등의 OA 제도화에 힘쓰고 있다. ③ 스웨덴의 경우 스웨덴연구회의(Swedish Research Council)에서 2010년 10월부터 OA를 의무화한다고 발표하여 정부나 공공단체의 연구 지원금을 받은 연구자는 심사를 거친 논문을 발표한 후 6개월 이내에 OA를 하는 것을 의무화하여 현재 시행 중에 있다. ④ 중국의 경우 중국과학원(Chinese Academy of Science)의 국가과학도서관(NSLC)이 이미 2009년 2월 Knowledge Repository of National Science Library 서비스를 시작하였는데, 중국국가과학도서관은 논문 발표 후 한 달 이내에 Knowledge Repository에 논문을 기탁하는 것을 의무화하였으며, 성공적인 리포지터리 운영을 위해 저작권 라이선스, 컨퍼런스 프로시딩 아카이빙 라이선스, 학술지 아카이빙 라이선스 등에 대한 계획을 수립하였고, 중국국가과학도서관은 중국과학원에 소속된 각 기관들이 기관 리포지터리를 구축하여 추후 이 기관 리포지터리들을 통합하는 리포지터리 네트워크를 만들 계획이다(서태설, 허선, 노경란, 「학술논문 오픈액세스를 위한 공공접근정책 방향」, 『KISTI 지식리포트』 제4호, 한국과학기술정보연구원, 2009, 14-15쪽 참고).

대부분이 OA 의무화의 대상을 단순히 학술논문에 한정짓지 않고 연구 데이터를 중심으로 한 연구성과에 관하여 확장되고 있음을 알 수 있다. 특히 학술논문을 집필하는 근거가 되는 연구 데이터에 관한 관심이 높아지고 있는 것이다. 다만 학술논문 이외의 연구성과의 공개에 대해서는 일부의 연구 영역의 연구 데이터에 대해 사실상 표준(de facto standard)을 기본으로 한 서비스가 존재하는 상황인 경우만 가능한 것으로 보이며, 다른 분야에 대해서는 일정 형태나 방식의 의견일치가 아직 이루어지지 못한 영역이 많다.

(3) 오픈액세스 학술지

OA 학술지란 제한 없는 무료 접근이 가능한 학술지이다. 특히 저작권으로 인한 접근과 이용 제한이 발생하지 않아야 하며, 아무리 저렴하더라도 비용 부과 그 자체가 접근의 장애를 발생시킬 수 있으므로 구독료나 접근 비용이 부과되지 않는 학술지를 말한다. OA가 다양한 형태로 전개되면서 OA 학술지도 몇 가지 서로 다른 모습으로 나타났다. 첫째는 부다페스트 선언문의 정의에 따라 학술지에 수록된 모든 논문을 출판과 동시에 모든 사람이 비용을 지불하지 않고 읽고, 다운로드하고, 재배포할 수 있는 학술지, 둘째는 수록된 논문 중 일부만을 OA로 출판하는 학술지, 셋째는 구독 기반 학술지이지만 일정한 시간이 지난 후에 모든 논문을 공개하는 경우이다. 이러한 제한된 수준에서의 공개가 이루어지는 학술지도 OA 학술지로 포함시키면서 이를 식별하기 위해 각 유형에 대한 명칭을 부여하였다. 첫

번째 유형은 완전(full) OA 학술지 혹은 OA 학술지, 두 번째 유형은 하이브리드(hybrid) OA 학술지, 세 번째 유형은 지연(delayed) OA 학술지라고 하였다. 국내 학술지의 경우 이러한 다양한 형태의 오픈액세스가 이루어지고 있지는 않은 것으로 보인다. 물론 몇몇 학술지의 경우 모든 논문에 CCL(Creative Commons License)을 채택하도록 하고, 무료로 모든 사람에게 공개하고 있지만 이것은 극히 일부분일 것으로 보이며, 원문 서비스 채널을 기준으로 다음과 같이 구분한다. 첫째는 상용 DB에서 비용을 지불하고 이용할 수 있는 학술지, 둘째는 학술지 발행기관 홈페이지나 무료 DB에 원문이 공개되어 있어 모든 사람이 무료로 이용할 수 있는 학술지, 셋째는 위의 두 가지를 병행하는 학술지이다. 이중에 OA 학술지에는 완전 OA 학술지도 일부 포함되어 있지만 대부분은 논문의 저작권자가 합법적인 이용 범위를 구체적으로 정하지 않아 단순히 무료 이용만이 가능한 학술지들이다. 국내 학술지의 경우에는 OA 학술지의 대부분을 비영리 학회에서 발행되고 있으며, 그 밖에 대학의 부설연구소 또는 단과대학 등 대학에서 발행되고 있으며, 국가의 지원을 받는 연구소 또는 정부 등 비영리 연구기관 등에서 발행되는 학술지 등으로 구별될 수 있다.[33]

(4) 국내 오픈액세스 학술지 현황

① 한국연구재단의 오픈액세스 학술지

---

33 정경희, 「국내 오픈액세스 학술지 특성에 관한 연구 : KCI 등재지를 중심으로」, 『한국비블리아』 제22권 제3호, 한국비블리아학회, 2011, 376-384쪽.

우리나라의 경우 한국연구재단의 『학술지 등재제도 관리지침』(2015년 4월 2일)에 따라서 '등재(후보)지'의 형태로 한국연구재단에서 관리가 되어 학술지에 대한 관리 및 평가가 이루어지고 있다. 저작권의 양도(또는 이용허락) 등과 같이 저작권 문제가 해결된 한국연구재단의 등재(후보) 학술지의 경우에 한국학술지인용색인(Korea Citation Index, 'KCI 원문 서비스')이라고 하는 DB 서비스를 통하여 OA를 시행하고 있다.

한국연구재단의 등재(후보) 학술지의 경우 인문, 사회, 자연, 공학, 의약학, 농수해, 예술체육, 복합학 등의 분야로 나누어져 있고, 학회, 대학의 연구소 및 소속 단과대학 연구소 등이 출판 기관으로 등록되어 있다.

등재(후보) 학술지를 발행하는 학회 또는 대학부설연구소의 경우에는 한국연구재단의 '학술지 등재제도 관리'에 의하여 학회 또는 대학부설연구소의 자체 홈페이지에서 학술지 원문에 접근할 수 있도록 유도되어 OA를 하고 있다.

② 서비스 제공자의 오픈액세스 학술지

앞에서 살펴본 대표적인 서비스 제공자(RISS, 과학기술학회마을, KISS, DBPIA, 스콜라, eArticle, 뉴논문 등)는 상용(商用) 또는 무료로 학술지를 온라인 서비스하고 있다. 여기서 제공하는 학술지는 한국연구재단의 등재(후보) 학술지를 포함하여 한국연구재단에서 관리하고 있지 않은 학술지(등재(후보) 학술지 외)까지도 온라인 서비스를 하고 있다.

무료로 학술지를 온라인 제공하는 서비스 제공자의 경우에는 OA 학술지를 제공한다고 할 수 있지만, 상용으로 학술지를 온라인 제공하는 서비스 제공자의 경우에는 '유료 서비스'라는 이유로 순수한 의미의 OA의 모습을 갖추지는 못하고 있다. 그러나 외국의 상용 서비스 제공자의 경우에 비추어 우리나라 서비스 제공자의 '유료 서비스'의 그 금액이 터무니없이 적다고 할 수 있기 때문에 이 정도의 금액을 유료 서비스로 제공한다고 한다면 우리나라의 상용 서비스 제공자의 경우에도 OA에 가까운 OA를 하고 있다고 보아야 할 것이다.[34]

2) 학술논문과 오픈액세스의 관계

저작재산권은 기본적으로 창작자에게 그가 창작 과정에서 들인 노력에 대한 경제적 보상을 받을 수 있도록 하기 위한 시스템이다. 그러나 비영리적인 목적으로 생산된 저작물 특히 학술논문의 경우 이러한 경제적 보상 시스템으로서의 자작권법은 적절히 작용하지 않을 수 있다. 학술논문의 생산자인 연구자들은 그 노력에 대한 대가로 경제적 이익보다는 자신의 논문이 더 많은 연구자들에게 배포되어 이용되고 인용되기를 바란다. 이를 통하여 연구자는 명예와 명성을 확보하게 되고, 그로써 연구기금의 확보나 승진, 상 등을 받게 된다. 출판을 통하여 저작물이 판매되고 그로써 생산 과정에 투여된 노력

---

34 한국전자출판협회는 서울대에서 지난 2013년 글로벌 업체인 엘스비어에 지급한 외국 논문 1년 구독료가 20억 원인 반면, 국내 업체인 누리미디어에 지급한 구독료는 1/20 수준인 3718만 원이었다고 밝혔다. 외국 논문 1편당 4천 원꼴인 반면, 국내 논문은 50원 수준에 불과하다는 것이다(오마이뉴스, 「학술논문도 이젠 '공짜'? '오픈 액세스'의 딜레마」, 2015년 3월 5일).

에 대한 경제적 보상을 원하는 일반 저작물과 달리 학술논문을 생산하는 연구자에게 보상이란 바로 이러한 비금전적인 것들이다. 이런 종류의 보상은 저작물 이용 과정을 통제(즉, 비용을 요구하거나 이용허락을 요구하는 등)하는 것보다 더 널리 자유롭게 이용할 수 있게 될 때 더 커진다. 1990년대 이후 영어권 국가의 학술지는 주로 대규모 상업적인 학술 데이터베이스를 통하여 배포되었고, 이들 데이터베이스의 가격이 지속적으로 상승하면서 학술 도서관은 그 비용을 감당하기 어려운 정도에 이르렀다. 학술 데이터베이스 가격의 상승으로 인하여 도서관의 학술지 예산을 증액하더라도 실제로 구독하는 학술지 수는 줄어드는 상황이 발생하였다. 학술논문을 생산한 연구자들이 전혀 영리를 목적으로 논문을 생산하지 않았음에도 불구하고 기존의 유통 방식은 학술논문을 영리를 위한 상품으로 전락하게 만든다.[35]

이러한 문제점을 극복하기 위한 대안으로 제시된 것이 앞에서 살펴본 오픈액세스(Open Access)라고 할 수 있다.[36] 즉, OA란 학술정보 유통 시스템의 한계와 문제점을 극복하기 위한 시도로서 모든 학술적 문헌을 인터넷을 통해 디지털 형태로 전 세계의 누구나 무료로 이용할 수 있도록 학술논문의 생산자와 이용자가 정보를 공유하는 것을 지지하는 운동을 말한다. 외국의 경우 대부분의 학술지는 출판

---

35   정경희, 최상희, 이호신, 『도서관과 사서를 위한 저작권법 매뉴얼』, 국립중앙도서관 도서관연구소, 2014, 48쪽.
36   OA는 모든 사회경제적 및 법적 장벽을 불허하는, 이른바 생산자와 이용자의 직접적인 정보 공유 체계를 기본 이념으로 설정하고, 저자의 비용 부담, 이용자의 무료 접근, 시공간을 초월한 상시적 접근, 저자의 저작권 보유 등의 4대 원칙을 강조한다.

사가 가격 및 유통의 주도권을 행사하고 있었다. 그로 인해 발생되는 학술지의 지나친 상업화, 출판사의 독점, 급등하는 학술지의 가격, 라이선싱 기반의 제한적인 정보 이용 및 아카이빙, 출판사의 저작권의 남용, 복잡한 심사 과정, 출판 지연 등의 문제점이 발생하자 미국과 유럽을 중심으로 학술 커뮤니케이션 시스템의 문제점을 극복하고자 하는 논의가 시작되어 모든 이용자들이 학술지 및 학술논문을 개방하고, 가격 및 접근에 대한 장벽을 제거하며 학술정보의 아카이빙을 활성화하려는 목적으로 OA 운동(Open Access Movement)이 등장하였다.[37]

그런데 국내의 경우는 국내 학술지의 구독료 상승에 의한 학술지 위기와 같은 경제적 이유에서 OA가 시작되었다고 보기는 어렵다. 대신 기존의 학술 커뮤니케이션에 대한 대안으로서 OA 논의가 가지는 기술적, 사회적 의미를 받아들였다고 볼 수 있다. 먼저 기술적인 측면에서 인터넷을 기반으로 하여 학술지를 온라인으로 출판·유통하는 비용이 저렴해짐에 따라 학술지 논문을 디지털 형식으로 생산하고 웹을 통해 이용자들에게 무료로 공개하는 것이 일반적인 출판 방식으로 인식되었다. 기술적 측면 이외에 OA를 윤리나 사회정의 차원에서 받아들였는데 특히 정부로부터 공공 기금을 받고 수행한 학술지 논문이 유료로 배포될 경우 납세자인 국민은 이중의 비용 부담을 하게 된다는 비판 의식에 기반하고 있다고 할 수 있다.[38]

---

37 홍재현, 앞의 책, 469-470쪽.

38 정경희, 「국내 오픈액세스 학술지 특성에 관한 연구: KCI 등재지를 중심으로」, 『한국비블리아』 제22권 제3호, 한국비블리아학회, 2011, 374-375쪽.

그러다 보니 국내 학술지의 OA는 국가나 단체 차원에서 OA 정책을 수립한 후 이를 개별 학회가 수용하는 방식으로 진행되는 경향이 있었다. 민간 차원에서는 대한의학학술지편집인협의회가 중심이 되어 의생명학 분야의 OA 학술지의 출판을 장려하고 OA 학술지를 KoreaMedSynapse의 통합검색 서비스를 통해 이용자에게 제공하고 있다. 국가 차원에서는 2009년부터 문화체육관광부의 지원을 받은 한국과학기술정보연구원이 오픈액세스코리아(Open Access Korea: 이하 OAK) 사업을 통해 국내 학술지를 OA 학술지로 전환하거나 출판할 수 있도록 지원하였다. OAK 사업에 의해 출판된 OA 학술지를 OAK-Central의 통합검색 서비스를 통해 이용자에게 제공하고 있다. 또한 한국과학기술정보연구원은 기존에 오랫동안 발행해 오던 문헌정보학 분야 학술지인 『정보관리연구』를 2013년도에 새롭게 OA 학술지인 JISTaP(Journal of Information Science Theory and Practice)으로 전환하여 출판하였다.[39]

3) 우리나라의 오픈액세스 정책

(1) 정부 주도의 오픈액세스

한국연구재단은 학술논문의 온라인 무료 서비스를 독려하기 위하여 온라인 공개 여부를 한국연구재단에서 관리하는 학술지의

---

39   김규환, 「국내 학회의 오픈액세스 수용과 추진방식에 대한 제안」, 『정보관리학회지』 제31권 제3호, 한국정보관리학회, 2014, 112-113쪽.

평가항목에 포함시킴으로써 사실상 정부 주도의 OA를 이끌어가고 있다.[40]

외국의 경우와는 달리 우리나라의 경우에는 연구자를 중심으로 자발적인 OA 운동이 일어나지 못하고, 이렇게 한국연구재단을 중심으로 OA의 과정을 하나씩 단계를 밟아 나아가고 있다.

대학부설연구소의 경우는 학회의 경우보다 대학의 지원이라는 부분에 있어서 큰 차이가 나기 때문에 OA에 대한 입장이 학회와 다르다고 할 수 있는데, 학회가 학술지 논문의 무료 공개에 소극적인 이유는 학회 차원에서는 동의하지만 학회별로 저자와의 저작권 계약 관계가 불분명해 선뜻 원문 서비스에 나서지 못하고 있는 것도 하나의 원인이다. 또한 학회와의 계약을 통한 맺어진 학술논문 DB 업체의 유료 서비스 등이 제약 요인으로 작용하고 있는 것으로도 보인다.

학술지의 발행을 통하여 학술논문을 생산하고 있는 연구자와 학회 그리고 대학부설연구소 차원에서는 OA를 어떻게 동참하여 이끌어 나갈지에 대하여 여러 가지 함의를 모아 학술논문의 공개접근에 대한 논의를 앞으로 더욱더 진지하게 진행해 나아가야 할 부분으로 보이고, 다만 지금까지의 우리나라에서 학술논문의 OA 과정을 지켜보면 적어도 OA와 관련해서는 정부가 의지를 가지고 진행하고자 한다는 사실은 확인할 수 있다.

특히 정부 이외에 학회와 대학부설연구소를 중심으로 OA에 대한

---

40 한국연구재단의 학술지 평가 제도는 학술지를 발행하는 기존 학회와 대학부설연구소에 한국연구재단이 큰 영향력을 행사할 수 있게 해주었다. 이와 관련된 자세한 논의는 본 글의 성격과 맞지 않아서 생략하고자 한다.

여러 가지 논의가 진행되었지만 그중에서도 공공 기금의 지원을 받은 학술논문의 경우에는 관련 제도를 정비하여 OA를 진행해야 한다는 부분에는 상당히 많은 공감대가 형성되어 있는 것 같다.[41] 다만, 그 시기와 방법에 대해서는 미국의 경우처럼 아직도 제도적 기반을 마련하지는 못하고 있는 것 같다.

(2) 우리나라 학술논문의 오픈액세스

앞에서 살펴본 바와 같이 미국, 영국, 일본 등은 공공 기금으로 수행된 연구의 산출물들을 공공의 이익을 위해 개방하고자 정부 기관이 지원하는 연구성과물에 대해 OA 정책을 추진하고 있다. 그렇지만 각국 정부가 OA 정책에 대하여 큰 관심을 보이고 있음에도 불구하고 실제 공공기금 연구성과물의 OA 법제화가 이루어진 나라는 아직까지는 없는 것으로 보이고, 대부분 공공 기금의 지원을 받은 연구성과물의 경우에 공공 접근을 권고하거나 장려하는 수준에 머물러 있는 실정이다.[42]

우리나라에서도 국가 기금이나 공공 기금의 출연 또는 지원에 의해 산출된 학술논문 등의 자유 접근과 이용을 위한 법제화 주장이 제기되었고, 그에 따른 법제화 방안도 제시되었다.[43]

---

41   2010년 한국연구재단 등재 학술지 발표 논문 중 공공 기금 학술지 논문의 비율은 전체의 18%에 해당한다(정경희,「공공기금으로 작성된 논문의 오픈액세스 정책에 관한 연구」,『정보관리학회지』제27권 제1호, 한국정보관리학회, 2010, 212쪽).

42   홍재현, 앞의 책, 488쪽.

43   우리나라의 경우에는 정부 발주의 연구용역으로『학술 · 과학기술 · 정책연구 등에 대한 일반 공중의 접근 및 이용 활성화에 관한 법률(안)』이 검토되었다.

하지만 법제화 추진에 대하여 찬반 의견이 팽팽하게 엇갈리고 있고, 아직도 법제화를 이루지는 못하고 있다. 향후 공공 기금의 지원을 받아 작성된 학술논문에 대하여 OA의 법제화가 새로운 독자적인 법률로 제정될지 여부는 예측하기 힘들지만, 우리나라에서도 외국의 경우와 마찬가지로 OA와 관련된 제도적 마련을 위해 논의가 진행되고 있다.

다만, 법적 근거 규정을 통하여 OA를 뒷받침해 주고 있지는 못하지만, 이미 행정안전부와 문화체육관광부의 고시를 토대로 실무상 OA를 진행하고 있다고 보아야 할 것이다.[44]

또한 앞에서 언급한 정부 주도의 OA로 한국연구재단이 KCI 원문 서비스를 하고 있기 때문에 향후 (가칭)『공공기금에 의한 결과물(성과물)의 자유 접근과 이용의 활성화에 관한 법률』도 충분히 생각해 볼 수 있을 것이다.

그동안 논의되었던 우리나라의 학술논문 OA를 위한 공공 접근 정책에 포함되어야 할 핵심 내용에는 ① 정부의 연구지원을 받아 수행한 연구성과인 학술논문을 출판 후 12개월 이내에 온라인상에서 무료로 접근할 수 있도록 하여야 함, ② 국내 학술논문의 OA 리포지터리 구축을 위한 분야별 기관을 지정하고 비용을 지원하여야 한다는 등의 내용을 언급하였다.

---

44 2010년 3월 행정안전부 · 문화체육관광부 · 방송통신위원회 3부처가 공동으로 '공공정보 민간활용촉진 종합계획'을 수립하였고, 2010년 6월 10일 행정안전부는 350여 종의 공공정보목록을 '국가지식포털'(지금은 서비스가 중단됨)을 통해 공개하였다. 2010년 7월 7일 행정안전부는 『공공정보 제공 지침』(행정안전부고시 제2010-45호)을 발표하였고, 2010년 12월 17일 문화체육관광부는 『공공저작물 저작권 관리 지침』(문화체육관광부고시 제2010-41호)을 발표하였다.

학술논문의 OA 정책을 시행하기 위해서는 당연히 저작권과의 관계를 적절히 유지하여야 한다. 그래서 저작권과의 균형이 유지될 수 있도록 OA에만 주안점을 둔 나머지 정작 학술논문이 고유의 저작물이라는 인식을 잊어서는 안 될 것이며, 저작권법에서 인정되고 있는 고유의 저작권을 존중해 주어야 할 것이다.

외국에서도 아직 법제화된 부분은 아니지만 공공 기금의 지원을 받은 학술논문의 경우에는 연구자에게 공공 기금을 지원받는 계약을 체결할 당시부터 연구자가 학술논문에 갖게 되는 저작재산권 중에서 특정 권리를 명확하게 연구자로부터 OA를 서비스하고자 하는 기관이 양도받아야 할 것이다. 이 부분은 관련 법률이 없다고 하더라도 계약 체결상 당사자의 사적 자치에 의하여 당사자의 자율적인 협상으로 가능할 수 있다고 생각한다. 물론 법 제도의 마련이 더 권리관계를 확실하게 할 수 있겠지만, 법제화 이전의 단계에서 마냥 미루기만 해서는 안 될 것이다.

이와 관련하여 2013년 10월 1일 공포된 독일의 저작권법 개정 내용에는 최소한 절반 이상 공적 지원에 의해 수행된 연구 활동의 결과물에 대해서는 학술지에 공표된 때로부터 12개월 경과 후 연구자에게 그 결과물을 비영리 목적으로 인터넷에 게시할 수 있는, 이른바 '제2차 공표권'을 의무의 형태로 부여하고 있는데, 이러한 개정 내용은 연구자의 학문의 자유를 지나치게 훼손하거나 저작권을 제한하는 것으로는 보이지 않으므로 이와 관련된 부분도 충분히 우리 저작권법에서 생각해 볼 수 있을 것이다. 왜냐하면 국가가 공적 재원으로 연구 활동을 지원하는 것은 그 연구결과물을 가능하면 공중에게 널리 이용될 수 있도록 하는 것이 주된 목적이기 때문이다.

또한 그동안 정부 주도의 OA의 노력으로 많은 디지털 아카이브의 역할을 했던 기관들이 설립되었다가 없어지고는 했는데, 지금에서라도 공공성을 가지는 저작물들과 함께 공공기금의 지원을 받은 학술논문을 누구나 이용할 수 있도록 서비스를 지속적으로 해주어야 할 것이다.

5 마치며

학술논문은 우리 저작권법에서 인정하는 저작물로서 역사가 오래된 전통적 저작물이다. 따라서 그 보호의 필요성에 대해서는 누구나 공감할 것이며, 다만 학술논문이 가지는 특성과 특히 공공 기금의 지원을 받은 학술논문의 경우에는 일부 공공성의 모습을 갖고 있기 때문에 기존의 저작권법의 질서를 유지한 채 오픈액세스(Open Access)를 통한 학술논문의 이용이 일부 가능하도록 관련 논의를 계속 진행해 나가야 할 것이다.

게다가 우리의 학술논문의 생산, 유통, 소비 환경이 외국과는 다르기 때문에 외국의 오픈액세스 정책을 바로 적용시키는 것에는 분명 부작용이 발생할 것이다.

그러므로 학술논문의 적극적 생산자인 연구자와 학회 그리고 대학 부설연구소에서는 학술논문의 권리 귀속 주체로서 학술논문에 대한 오픈액세스를 수용하고 추진하는 데 핵심적이고 주도적인 역할을

　　　　　　　　　　　지식의 공공성 딜레마

담당해야 한다.

그래서 정부는 오히려 학술논문의 생산과 유통에 큰 역할을 담당하는 연구자를 위하여 학회 그리고 대학부설연구소에 오픈액세스 디지털아카이브 등을 설치·유지할 수 있도록 많은 자금과 기술 지원을 제공해야 한다.

우리 저작권법 제1조의 목적에는 저작물의 공정한 이용이라고 명시되어 있다. 공정한 이용을 위하여 연구자와 학회, 대학부설연구소, 정부가 지금의 저작권을 유지하면서 오픈액세스 정책을 조금씩 시행할 수 있도록 노력해야 할 것이다. 모두가 인터넷 환경에서의 학술논문의 자유로운 접근 및 무료 이용, 정보 공유, 아카이빙을 위해 오픈된 마인드로 일부 전환해야 할 필요도 있으며, 연구자들에게 저작권에서 보호하는 권리 귀속에 대한 이해도 꾸준히 강화시킬 필요가 있다.

제5장

정보화사회에서
정보 사유론과
정보 공유론

배성인

✝자본주의가 정보의 영역으로까지 확장된 정보사회에서 정보 사유론은 지적재산권에 의해 제도적으로 보장되며 강화된다. 그러나 정보 사유론이 주장하듯 지적재산권의 소유자에게 정보의 유통에 대한 배타적, 독점적 권리를 인정하게 되는 만큼 사회전체적으로 타인의 학문의 자유와 예술의 자유는 제한된다. 따라서 지적재산권을 창작자의 권리 보호로 한정해서 해석하면 학문과 예술의 자유와 정면으로 배치되는 결과를 초래한다. 이에 정보 공유론은 지적재산권 제도가 소수에게 독점적 이윤을 보장할 뿐, 창조적인 발명가나 저작자에게 실질적인 인센티브를 보장해 주지 못한다고 비판한다. 정보 공유론은 단순히 기존의 '생산된 지식과 정보'를 공유하는 것에 그치지 않고 합법적으로 정당하게 공유될 수 있는 지식과 정보를 생산함으로써 보다 적극적으로 정보와 지식의 공유적 질서를 확산시키고자 한다. 하지만 정보 공유론은 기본적으로 소극적, 저항적인 권리 주장에 머무르는 한계를 지적받을 수 있다. 나아가 정보 공유론만이 정보화사회에서 지배하는 현실에서는 오히려 지식과 정보가 위축될 개연성도 존재한다. 따라서 정보 사유론은 경제적 보상이라는 수단을 보장받고, 정보 공유론은 공공 영역과 공익의 확대라는 목적을 확보하기 위한 사회적 타협과 조정의 필요성, 즉 공익과 사익 간의 균형의 회복이 그 어느 때보다 절실해 보인다.

1 문제제기

21세기 자본주의 사회를 '정보화사회', '정보사회', '지식정보사회' 등으로 명명하고 있지만 그 누구도 이의를 제기하지 않는다. 이는 컴퓨터와 인터넷의 혁신적인 발달로 인해 생산 과정에 커다란 변동이 발생했기 때문이다. 다만 앞의 '정보화사회'는 자본주의 사회의 산업화와 정보화의 연속성에 주목하면서 자본주의 미래에 대해서 비판적이거나 유보적인 입장에서 선호하는 용어이고, 뒤의 '정보사회'와 '지식정보사회'는 미래의 새로운 사회 성격에 대한 낙관적인 전망을 주장하는 미래학자들이 선호하는 용어이다. 이들의 차이는 체제의 본질적인 성격을 어떻게 규정하느냐에 따라 근본적으로 다르다.

하지만 이들 용어를 명확한 설명으로 엄밀하게 구분하여 사용하기보다는 대부분 혼용해서 사용하고 있다. 그것은 21세기 자본주의 사회를 어떻게 규정하든 지식과 정보가 산업화되고 그것이 생산의 중심이 되는 사회이기 때문이다.

이러한 정보화사회에 관한 논의는 1973년 벨(Daniel Bell)의 '탈산업 사회'론에 의해 본격적으로 이루어지기 시작하면서 토플러(Alvin Toffler)의 '정보 사회'론, 드러커(Peter Drucker)의 '지식 사회'론으로 이어졌다.[1]

반면, 마뉴엘 카스텔(Manuel Castelles)은 현대 정보사회를 '네트워크 사회'라고 불렀다. 네트워크 사회는 자본과 노동, 사람과 지식과 정보가 컴퓨터 네트워크를 통해서 서로 연결됨과 동시에 이동하는 사회를 말한다. 네트워크 사회는 자본과 정보 지식, 노동이 흘러 다니는 '흐름 사회(flow society)'로, 현대 정보화사회를 설명하는 중요한 이론 가운데 하나로 등장했다.[2]

현대 자본주의를 어떻게 규정하든 중요한 것은 정보와 지식이다. 정보가 될 수 있는 자료의 처리, 저장, 검색은 모든 사회적 · 경제적 교환에 중요한 자원이 된다. 과학기술의 혁신적 발달은 더 이상 노동집약적이거나 자본집약적이지 않고 지식집약적 생산으로 변화되었다. 이는 각종 산업, 금융, 무역 부문에서의 자동화로 이어져 생활의 편리함과 효율성을 제고시켰다.

이러한 사회구조의 변화는 사람들의 삶의 방식과 사고의 변화를 야기하며, 문화와 권력에도 큰 영향을 미친다. 실용주의와 편의주의

---

1 다니엘 벨, 김원동 · 박형신 옮김, 『탈산업사회의 도래』, 아카넷, 2006; 앨빈 토플러, 원창엽 옮김, 『제3의 물결』, 홍신문화사, 2006; 피터 드러커, 이재규 옮김, 『자본주의 이후의 사회』, 한국경제신문사, 1994, 참조.
2 마뉴엘 카스텔, 김묵한 옮김, 『네트워크 사회』, 한울, 2009, 참조.

지식의 공공성 딜레마

로 가득 찬 현실적 삶이 일반화되고 개인의 이기심과 욕망으로 가득 찬 사유 체계가 일상화된다. 근대 사회의 공공성은 사라지고 사유화만 남게 된다. 국가권력과 자본은 사람들을 또 다른 경쟁의 장에 몰아넣으며, 홉스(T. Hobbes)의 표현처럼 '만인에 대한 만인의 투쟁'으로 사회를 재편한다. 특히 자본은 정보와 지식의 독점을 통해 생활 자체로 침투하는 전 사회적인 감시와 통제 체제를 만들어가고 있다.

이제 현대 자본주의는 국가가 노동을 포섭하면서 사회를 안정적으로 유지했던 대량생산-대량소비의 포디즘적 축적 체계에서 정보 기술의 발전과 더불어 포스트포디즘의 통제 사회로 전환되었다. 정보화사회의 등장은 인간에게 편리함을 주었지만 감시와 통제를 더욱 강화시켰다.

이를 푸코(Michel Foucault)는 감옥, 군대, 학교 등 규율을 통해 권력을 행사하면서 구성원을 통제하는 사회라고 해서 '규율 사회'로 불렀고, 들뢰즈는(Gilles Deleuze)는 '통제 사회'라는 개념으로 확장했다.

한편, 하트(Michael Hardt)와 네그리(Antonio Negri)는 '정보화'를 '전 지구화(globalization)'의 과정인 동시에 '탈근대화(postmodernization) 과정'으로 파악했다. 그들은 "전 지구적 경제는 오늘날 정보경제를 향한 탈근대화 과정을 겪고 있다. 자본에 의한 사회의 포섭은 세계시장의 형성에서 완성된다." 생산의 탈근대화는 비물질노동을 축으로 한 '생산의 정보화'를 통해 이루어진다는 것이다. 이들의 설명에 따르면 근대화의 최종 산물인 포디즘의 '규율 사회'에서 탈근대화의 흐름인 정보화의 '통제 사회'로 이행하고 있다는 것이다.[3] 여기서 주목

---

3   마이클 하트 · 안토니오 네그리, 윤수종 옮김, 『제국』, 이학사, 2002. 53, 376, 386, 428쪽.

할 것은 신자유주의의 등장이다. 즉, 포디즘적 축적 위기를 타개하기 위한 각종 정책이 신자유주의로 나타났고, 이는 인터넷의 대중화에 따라 자본, 노동, 정보, 지식의 지구화로 이어졌다. 결국 정보화사회는 신자유주의 정책의 전 지구화가 낳은 사회문화적 결과인 것이다. 한국 역시 1990년대 이후 정보화사회로의 이행과 재편을 이루면서 신자유주의에 대한 대응과 조정 과정을 거치고 있다.

이렇게 정보화사회에 대한 다양한 정의가 존재하는 가운데 정보 사유론이 이념적 정당성을 갖고 대중적 영향력을 획득해서 급속히 확산되고 있다. 즉 정보화사회의 소유 문제가 지적재산권을 둘러싸고 정보 사유론과 정보 공유론으로 나뉘어 상반된 입장과 해석으로 집중 표출되고 있다.

자본주의 사회에서 정보의 소유권을 주장할 수 있는 강한 법적 동기는 분명 존재한다. 사적 재산으로 인식하기 때문이다. 또한 지적재산권과 정보 보호의 사회적 관계 때문에 정보 사유론과 정보 공유론 사이의 사회적 논쟁은 지속되고 있다.

진보적 관점에서 정보 사유론은 수용할 수 없는 신자유주의적 소유개념이지만 창의력과 상상력을 중요시하는 측면에서 개인의 권리를 보호해 줄 필요는 분명하다. 따라서 사회공공성(공공적·민중적 삶의 권리)을 명분으로 정보 공유론을 유일한 대안으로 제시하는 것보다는 균형 있는 대안을 모색하는 것이 필요하다.

2 정보화사회에서의 정보 사유론

1) 지식과 정보의 상품화

자본주의가 성립하는 기본적 전제는 인간의 노동력이 사회적 규모에서 상품화되는 것이다. 그런데 정보화사회는 우선 육체적 노동의 양이 가치를 결정하는 시대를 벗어나 정신적 노동의 질이 가치를 결정하는 사회다. 질적으로 우수한 정신 노동력을 통해 더 많은 이윤이 창출되기 때문이다. 한마디로 정보(지식)자본주의가 도래한 것이다.

정보화사회를 낙관적으로 전망하는 미래학자들이 정보화사회의 소유의 변화를 주장하는 근거로 제시하는 것들은 노동의 종말과 물질의 폐위 그리고 부와 가치의 원천으로서의 지식과 정보의 중요성이었다. 노동가치론은 노동이 가장 중요했던 산업사회에 타당한 이론이고 오늘날 지식이 부의 유일한 원천이 된 정보화사회에서는 더 이상 적용되지 않는다. 이제 지식이 유일하게 의미 있는 자원이며 전통적인 생산요소들이 잔존은 하지만 부차적인 것이 되었다고 주장된다.[4]

즉, 정보화사회는 생산수단이라는 구체적인 기계의 사적 소유에서 정보와 지식이라는 추상적 기계까지 소유권의 영역을 확장하려는 시도인 것이다.

그러므로 정보와 지식은 사용가치가 상품으로 전환되는 자본주의의 상품화 경향이 정보에까지 확대 적용되어 출현한 것이다. 즉,

---

4   레스터 C. 서로우, 한기찬 옮김, 『지식의 지배』, 생각의 나무, 2007.

정보가 상품이 되는 과정은 바로 자본주의의 '내포적 확장 과정'인 것이다. 자본주의 이전의 경제에서는 많은 재화와 용역이 비상품 형태로 제공되었다. 폴라니(Karl Polanyi)에 의하면 인류의 역사를 볼 때 많은 재화들이 교환 형태가 아니라 호혜(reciprocity), 재분배(redistribution), 가사(householding) 등의 형태로 제공되었다. 자본주의가 성립하면서 비로소 상품으로 된 중요한 것으로 토지와 노동력이 있는데, 토지는 인클로저 운동을 통해 상품화되었고, 노동력은 폭력과 수탈을 동반하는 본원적 축적 과정에서 상품으로 전환되었다.

상품이 되기 부적합한 것마저 상품화하는 자본주의는 초기에는 물리적 형태의 재화를 상품화하고, 다음에는 본질적으로 무체물이지만 유체물에 담겨져서만 판매되는 무체물(음반, 비디오 등)을 상품화하고, 마침내는 유체물에 담겨질 수 없는 무체물(실연, 컨설팅)까지도 상품화하는 경향이 있다. 미국에서 상품화되어 지적재산권으로 형성되는 대상은 대체로 유체물에서 무체물로, 무생물에서 생물로, 인간에게 먼 것에서 인간에게 가까운 것으로 진행되었다.[5]

그런데 인터넷이 대중화됨에 따라 이용자들 스스로 직접 콘텐츠의 생산과 유통에 참여하게 되었다. 정보와 지식의 성격은 그것이 만들어지는 방식과 전달 방식, 그리고 사용이 이루어지는 사회 조건에 따라 역사적으로 변화하는 것이다. 특히 미디어의 변화는 이러한 지식 관계에 일차적인 영향을 미친다.

따라서 정보통신망을 자본 증식의 목적에 맞도록 구성하는 경제

---

5   강남훈, 『정보혁명의 정치경제학』, 문학과학사, 2002. 45쪽.

지식의 공공성 딜레마

세력들은 자본 논리에 벗어나는 콘텐츠 유통을 배제시킬 수도 있다. 예컨대 정치권력의 직접적인 압박으로 콘텐츠가 완전히 삭제될 수도 있다. 더구나 이는 이용자의 눈에 잘 띄지 않는다. 광고주의 이익에 위배되는 콘텐츠는 이용자의 시선에서 사라지고, 주요 포털 사이트에서 링크되지 않으며, 검색 리스트에서 매우 하단에 배치될 뿐만 아니라 다운로드 속도도 느리다. 결국 사회 저항을 담거나, 수익성이 없는 정보는 인터넷 여론에서 분리된다. 이러한 양대 통제 방식은 무엇보다 이용자의 생활양식과 사회적 태도를 변화시켜 세련되고 효율적인 통제를 가능하게 한다. 정보를 널리 공유하고 싶은 이용자가 콘텐츠를 선별하는 기준은 '안정'과 '수익'이 된다. 사회 안정과 경제주의가 정보 이용자의 규범이 되는 것이다.[6]

그런데 이렇게 상품화된 지식과 정보는 자본에 의해 (재)생산되면서도 노동은 전혀 투입되지 않으므로 더 이상 노동가치론이 적용되지 않으며 정보가치론으로 대체해야 한다는 주장이 제기된다.[7]

하지만 지식도 노동의 한 속성이며, 이는 노동가치와 무관하게 발생하는 정보 상품의 막대한 이윤을 정보 상품의 판매가격에서 노동력에 대한 비용을 포함한 제조 비용의 현상적 감소에 대한 오해에서 비롯된 것이라고 지적될 수 있다. 그리고 정보화사회에서도 인간의 육체노동은 여전히 존재하며 물질의 생산은 증대되고 있으며 지식과 정보를 창출하는 정신노동의 중요성과 비중은 오히려 강화된다고 점을 간과해서는 안 된다.

---

6 서명준, 『미디어사회학』, 커뮤니케이션북스, 2014. 6장 정보사회 참조.
7 강남훈, 앞의 책, 96쪽.

물론 지식과 정보의 상품화는 사회 발전을 촉진하고 사회 전체의 이익이 되는 한에서는 허용되어야 한다. 그 이익을 사회적으로 통제할 수 있는 장치는 당연히 필요하다.

그럼에도 정보화사회의 지식과 정보는 상호작용을 통해 만들어지고 한계비용이 0에 가깝게 무한 복제할 수 있기 때문에 사회적 공유물이라는 성격을 지닌다. 디지털 공유물(Digital Commons)은 누구나 이용할 수 있는 디지털 콘텐츠다. 이것은 쉽게 복제될 수 있기 때문에 그것의 생산에 아무리 많은 노력과 비용이 투자되었다고 해도, 일단 만들어지고 난 다음에는 희소재도 아니고 경합재도 아닌 공유의 산물로 전환된다.

2) 정보 사유론의 형성

자본주의 시대에 들어와서 소유의 문제는 사유 재산권 인정에 따라 더 첨예하게 쟁점화되어 왔다. 재산의 사적 소유는 인간의 이기심을 긍정적으로 발전시켜 전체 사회 발전에 순작용하는 측면도 있지만 반대로 소유의 집중화로 인해 심각한 사회 분열을 야기할 수도 있다. 둘 사이의 균형은 늘 중요한 정치적, 경제적 의제였고 사회적 관심사였다. 정보화사회 역시 예외는 아니다.[8]

정보 사유론은 벨, 토플러, 드러커 등 미래학자들을 중심으로 선

---

8 김홍열. "네이버엔 '소송', 유튜브엔 '협력'… 이래서였구나." 『ohmynews』(2014. 4. 8.) http://www.ohmynews.com/NWS_Web/View/at_pg.aspx?CNTN_CD=A0001963098

진 자본주의 국가에서는 커다란 흐름을 형성하고 있다. 벨이나 드러커가 주장하듯이 정보화사회는 이전 산업사회보다 정보가 급격하게 양적으로 증가하고 부와 가치의 원천이자 새로운 생산수단이 되고 있다.

특히 토플러는 문명이 전환되어 지식의 성격도 바뀐다고 선언하면서 공적 소유는 정부 소유이며 사적 소유는 개인 소유라고 규정한다. 공공재로서의 지식은 정부의 재산이 아니라 인류의 문화유산으로서의 지식임에도 불구하고 그는 공공재로서의 지식은 단지 제2물결의 대량 지식이며 정부 소유의 지식이라고 주장한다. 따라서 공공재와 사유재의 대립은 정부와 시장이 아니라, 사회와 시장 사이에 발생하는 점을 오도하고 있다. 계속해서 그는 "제3물결에서 새로운 지식의 지배적 형태는 소멸될 수 있고, 일시적이며 주문 생산된 지식이다. …… 제2물결의 대량 지식——대부분의 사람들의 정보 욕구가 표준화되어 있기 때문에 모든 사람에게 유용하였던 '공공재'로서의 지식——과는 달리 제3물결의 주문 생산된 지식은 본질적으로 일종의 사유 재산"이라고 강조하고 있다. 그에게 중요한 미래의 지식은 보편적인 공공재로서의 지식이 아니라 주문 생산된 사유화된 지식으로 파악되는 것이다.[9]

자본주의 국가에서 지식과 정보도 일반 재화처럼 사유화의 대상이 되는 것은 지극히 당연하다고 할 수 있다. 역사적으로 정부는 본래 공공재인 정보와 지식을 지적재산권을 통해 사유재로 변화시키

---

9   홍성태, 『사이버공간 사이버문화』, 문화과학사, 1996. 21-22쪽.

는 역할을 수행했다. 정보사회론에서는 물질과 에너지와 달리 정보와 지식의 무한성을 주장하나 이는 정보와 지식이 공공재일 때 가능한 것이다. 일단 정보와 지식이 상품화되고 사유화되어 지적재산권에 의해 보호되면 정보와 지식은 유한한 자원의 성격에서 나아가 희소한 상품의 성격을 갖게 된다.[10]

따라서 정보사회론은 지식과 정보의 무한성을 강조하면서 공공재를 언급하지만 지적재산권에 의해 보호되는 지식과 정보는 공공재와는 거리가 멀다. 그러므로 정보사회론은 실제로 정보 사유론의 형성과 확산에 일조하고 있는 것이다.

3) 정보 사유론의 확산과 지적재산권의 강화

공공재였던 정보와 지식을 근대에 들어와 사유재로 전환한 이유는 전체 사회가 그 이익을 공유하려는 목적을 위해서였다. 개인에 의해 비밀스럽게 사유화되어 온 지식과 정보를 공개함으로써 기술의 발전, 진리의 발견, 문화의 발달을 촉진할 수 있다. 그렇기 때문에 지식 공개를 위한 동기부여가 필요하고, 그 구체적 표현이 지적재산권이다.[11]

지식과 정보의 상품화에 이은 사유화는 지적재산권에 의해 법제도적으로 수행되고, 이념적으로는 정보 사유론에 의해 완성된다. 지식과 정보의 보편적 확대와 경제적 역할이 크게 강화되는 현실 정보사

---

10 전상국, 「정보화사회에서의 소유에 관한 연구」, 고려대대학원 정치학 박사학위 논문, 2004. 95쪽.
11 김홍열, 앞의 글 참조.

회에서 지식과 정보의 생산과 분배는 정보재로서 자본주의적 상품 논리에 흡수된다. 사유화된 지식과 정보는 이제 정보 상품 내지는 정보재로서 법제도적으로 지적재산권(Intellectual Property Rights)에 의해 보호된다.[12]

문제는 '정보의 확산을 위해서 지적재산권이 과연 필요한가?'라는 측면에 있다. 먼저 정보의 생성은 특정 개인이나 집단의 노력과 투자의 산물이기 때문에 우선적으로 보호되어야 한다. 만약 적절한 보상 시스템이 존재하지 않는다면 정보의 생성은 빈약해지고 결과적으로 사회적 의미의 정보 유통은 불가능해진다. 이런 논리가 정보 사유론의 주요 맥락이다.

역사적으로 국가는 공공재였던 정보와 지식을 지적재산권에 의해 최초로 사유재로 전환해 보호해 왔다. 그 궁극적인 목적은 그 소유자에게 경제적 보상이라는 인센티브를 제공함으로써 정보재의 생산을 촉진하여 사회 전체적으로 기술 발전과 진리의 발견, 문화의 발달을 촉진하려는 것이었다. 즉, 개인에 의해 비밀스럽게 사유화되어 법제도에 포함되지 않았던 지식과 정보를 사회에 공개할 때 지적재산권에 의해 한시적인 독점적 사유권이라는 경제적 보상을 제공하는 것이었다. 이로써 지식과 정보는 법적으로 사유재로서 보호되고 기한이 만료된 이후에는 다시 공공재로서 공공 영역에 환원되어 중장기적으로 기술 발전과 진리 발견, 문화 창달이라는 사회적 혜택을 확보하고자 한 것이었다. 그렇다면 경제적 보상을 위한 일시적 독점은 지

---

12 전상국, 앞의 논문, 95쪽.

적재산권의 목적에 대한 수단이거나 하위 목적의 성격을 갖는다고 해석될 수 있다. 하지만 정보사회론자들의 예측과는 달리 상품화된 지식과 정보는 사유화되고, 지적재산권은 소유자의 경제적 이익 보호만이 일방적으로 강조되는 경향이 있다. 다시 말하자면 자본주의가 정보의 영역으로까지 확장된 정보화사회에서 정보 사유론은 지적재산권에 의해 제도적으로 보장되며 강화되는 것이다. 나아가 정보재의 생산과 사유를 확보하고자 하는 자본의 요구인 정보 사유론을 관철시키기 위해, 지적재산권 자체도 정보 사유론에 부합하는 방향으로 전폭적으로 보완, 수정, 강화해 나간다.[13]

요컨대 '정보사회의 성패는 정보사회의 핵심을 이루는 정보 자원을 효율적으로 보호하여 정보 자원의 창작과 유통을 활성화시키느냐'에 달려 있으므로, 지적재산권법은 정보사회의 가장 중요한 법제가 된다.[14]

그런데 최근 지적재산권을 더욱 강화하는 경향으로 법제도가 개정되고 있어서 많은 우려를 던져주고 있다. 최근 지적재산권을 강화하는 경향은 첫째, 권리 소진 원칙(first sale doctrine) 또는 최초 판매 이론을 유명무실하게 하는 데서 찾아볼 수 있다. 권리 소진 원칙은 일단 판매가 되면 저작권자가 배포권을 더 이상 행사하지 못한다는 의미이다. 권리 소진 원칙은 저작물이 판매 등의 방법으로 거래에 제공되는 경우에 적용한다. 서점에서 책을 구입해 읽은 후 그 책을 중고 판매할 경우 저작권자로부터 허락을 받지 않아도 되는 이유가 여기

---

13 전상국, 앞의 논문, 96쪽.
14 정국환 외, 「정보사회의 지적재산권 개념 재정립」, 한국전산원, 1997. iii쪽.

지식의 공공성 딜레마

에 있다. 만약 권리 소진 원칙이 없다고 한다면 구매한 책이나 음반을 판매할 때마다 저작권자의 허락을 얻어야 저작권 침해 책임을 지지 않게 된다. 그러나 이것은 중고 물품의 거래와 유통을 크게 저해하는 불합리한 결과가 되고 저작물의 가치도 오히려 떨어뜨릴 수 있다.

디지털 콘텐츠에 대해서도 권리 소진 원칙을 적용해야 한다는 의견이 있다. 일단 유통된 저작물이라면 유형물이든 디지털 콘텐츠이든 상관없이 저작권자의 간섭 없이 자유롭게 처분하게 하자는 의견이다. 이렇게 된다면 정보나 문화의 자유로운 유통을 보장할 수 있다고 한다. 특히 이러한 주장은 전자 출판 시장 확대로 힘을 얻고 있다. 하지만 아직 디지털 콘텐츠 거래에 권리 소진의 원칙을 적용하기 위해서는 넘어야 할 산이 많다. 어쨌든 현 상황에서는 디지털 파일 판매라는 명칭을 사용하는 경우가 있더라도 실제로는 라이선스 제공에 불과하다.[15]

둘째, 과도한 권리 보호 기한이다. 정보 혁명과 기술 발전의 속도에 비추어 볼 때 길게는 몇 년, 짧게는 몇 개월이면 신기술과 신제품이 개발되는 현실에서 보호 기간을 지적재산권자의 사후 70년까지로 하는 것은 실질적인 사유의 영구화와 절대화의 결과를 초래한다. 나아가 공공재로서 사회 공공 영역에 환원될 때는 아무런 공익의 효과를 예상할 수 없게 되어 사익만이 강화된다.

셋째, 공정 이용(fair use)에 대한 제한을 들 수 있다. 공정 이용이란

---

15 송영식 · 이상정, 『저작권법 개설』, 세창출판사, 2013; 오승종, 『저작권법』, 박영사, 2012 참고.

지적재산권자의 허락이 없이도 이용자가 사용할 수 있는 경우를 의미한다. 공정 이용의 기준과 범위는 나라에 따라서 또는 저작물의 종류와 성격에 따라서 다소 차이는 있지만, 일반적으로 재판, 입법·행정을 위한 연구, 교육, 학술 연구 등의 목적으로 저작권자의 이익을 부당하게 침해하지 않는 범위 내에서 저작물을 복제 사용하거나, 시사 보도나 방송, 논평 등의 목적으로 인용하는 것 등을 공정 이용으로 규정하고 있다. 하지만 이 또한 상당히 제한되는 경향으로 변하고 있다.

마지막으로 창작성 없는 데이터의 보호를 들 수 있다. 원래 지적재산권이 성립하기 위해서는 신규성(novelity) 혹은 원작성(originality)이 요구되어 왔다. 이는 아이디어와 표현의 이분법에 의해 표현은 보호하되 아이디어는 보호하지 않는 기존 지적재산권으로부터 창작성 즉, 아이디어 없는 자료나 단순 사실 등도 사유재로서 보호된다는 의미를 갖는다.

최근 지적재산권이 사회적 이슈가 되는 이유는 정보 유통 방식의 변화, 구체적으로 디지털 테크놀로지의 발전과 직접적인 관련이 있다. 신문, 잡지, TV 프로그램 등을 위한 배포 방식은 처음 그것들이 등장한 이후 지금까지 별다른 변화가 없다. 물류 시스템이 콘텐츠 생산자들에 의해 통제되었기 때문에 모든 것이 예측 가능했고 관련 법률 역시 오랜 시간 개정될 필요가 없었다. 그러나 급속한 정보통신 기술의 발달은 기존 정보 전달 패러다임에 혁명적 변화를 가져왔고 누구도 예측 못한 새로운 사태들을 만들어냈다.

드러커가 주장한 지식 기반 사회가 작동하려면 자본주의 생산방식으로 상품을 생산하고 지식에 대해 배타적 권리를 부여해야만 한다. 지식은 새로운 부의 원천이고 그것을 법적으로 뒷받침하는 것이 지적재산권이다. 그것은 종래의 저작권과 특허권에 더해 정보화 시대의 각종 생산물에 대한 권리를 포괄적으로 담고 있다.

그래서 이용자와 기업 간에는 지적재산권을 둘러싸고 서로가 서로의 지적 생산물을 전유하는 싸움을 벌이게 된다. 결국 디지털 시대의 지적재산권 문제는 디지털 공유물을 둘러싼 싸움으로 전개될 것이다. 그것이 열린 지식으로 이용자들에게 자유롭게 공유될지 과거의 저작권처럼 배타적인 영역에서 닫힌 체제를 이룰지는 단정하기 힘들다. 디지털 지식은 디지털 복제라는 새로운 디지털 기술의 성격에 의해 여러 가지 새로운 특징을 부여받았지만 그것의 앞날은 이용자와 기업의 관계, 국가의 개입 등에 의해 장기적으로 갈등과 조정 과정을 거칠 것이다.[16]

4) 정보 사유론의 제한과 한계[17]

사례 1. 2009년 방송 3사는 웹하드 사업자와 저작권 합의를 통해 수백억 원을 과거 침해 보상금 명목으로 받았고, 2010년부터는 제휴 계약을 맺어 편당 다운로드 대가의 70%를 웹하드로부터 받아왔다. 웹하드를 통한 방송물 소비를 위해 이용자당 한 달 평균 지출은 4,728원이라고 한다. 이로 인해 KBS는 2003년부터 2010년까지 7년간 매출은 정체 상태였지

---

16 백욱인, 『디지털 데이터·정보·지식』, 커뮤니케이션북스, 2014, 참조.
17 본 절은 전상국, 앞의 논문, 101-113쪽에 의존하였음.

만 저작권 수입만 800% 증가하는 기록적인 성과를 보였으며, 웹하드를 통한 수익이 연간 200억 원 이상이다.[18]

사례 2. 2014년 여름 전북 지역 대학들은 '윤서체'로 유명한 윤디자인 연구소가 로펌을 통해 저작권법 위반 경고장을 보내서 한바탕 홍역을 치렀다. 심지어 합의 요구에 응하지 않은 대학들의 총장을 고소하기까지 하였다. 전북을 휩쓸던 폰트 저작권 문제는 그 후 영남 지역으로 확산되었다. 윤디자인은 저작권법 위반을 빌미로 2천만 원에 가까운 라이선스 계약을 요구했다. 실제로 사용하지 않은 폰트 제품의 구매를 강요하는 이런 행태는 불법 소프트웨어 단속에서 흔히 있는 불공정 행위다.[19]

정보 사유론에서 주장하는 지식과 정보의 상품화와 상업화는 그것을 뒷받침하는 지적재산권과 함께 여전히 뜨거운 쟁점이다. 그것은 비물질적인 지식과 정보가 정보화사회에서 부와 권력의 원천이라지만 물리적인 소유가 불가능하기 때문이다. 정보는 소유하는 것이 아니라 확산되어야 그 가치가 더 드러난다. 오히려 지식과 정보가 자본제적 사유와 시장 논리에 내재적으로 포섭된다면 '탈자본주의'의 도래를 주장하는 정보사회론은 불안정한 근거에 기초하고 있는 것이다.[20]

---

18 남희섭, "날로 진화하는 저작권 사냥꾼." 『오픈 넷』(2015. 6. 23) http//opennet. or.kr/9209#sthash.HZMu2yeZ.dpuf
19 위의 글 참조.
20 정보 사유론자들은 탈자본주의적인 낙관적 미래상을 유포하면서도 자신들의 사고 속에서는 지식과 정보를 상품하고 사유화하는 현실적 전개가 지극히 자연스러운 것이었을지 모른다.

또한 지식은 반드시 상품으로 생산되는 것도 아니고, 시장경제의 영역 안에서 교환되는 것도 아니다. 지식은 새로운 공유물이 될 수도 있고, 여러 사람이 함께 만드는 협업의 생산물이 될 수 있으며, 시장경제의 바깥에 존재하는 공유와 나눔의 공공재가 될 수도 있다. 이런 경우 지적재산권의 배타적 권리에 대응하는 새로운 관행이 만들어지고 그것은 자본과 지식의 결합을 반대할 것이다. 이런 지점을 정보 사유론은 인식하지 못하고 있다.

① 지적재산권 보호 목적에서 도출되는 한계

저작자와 발명가, 과학기술자와 예술가의 권리를 지적재산권을 통해 보호하는 목적은 진리 발견과 문화 진보에 있다. 이를 위해서는 학문과 예술의 자유가 보장되어야 하는데 학문의 자유는 진리를 탐구하는 자유이며 탐구한 결과에 대한 공표의 자유를 내포하며 진리 탐구에 필요한 정보의 자유로운 수집과 전파라는 자유로운 정보 유통의 이념이 내재되어 있다.

그러나 정보 사유론이 주장하듯 지적재산권의 소유자에게 정보의 유통에 대한 배타적, 독점적 권리를 인정하게 되는 만큼 사회 전체적으로 타인의 학문의 자유와 예술의 자유는 제한된다. 따라서 지적재산권을 창작자의 권리 보호로 한정해서 해석하면 학문과 예술의 자유와 정면으로 배치되는 결과를 초래한다. 정보의 자유로운 유통의 이념에 비추어 지적재산권이 추구하는 진정한 목적은 창작자의 지적 활동을 보호함으로써 지식, 과학, 예술 활동을 촉진시키고, 그 지적 창작의 결과를 공중이 공유하게 함으로써 궁극적으로 진리의 발견과 문화의 진보를 달성하고자 하는 데 그 목적이 있다 할 것이다. 저작권법에서도 "이 법은 저작자의 권리와 이에 인접하는 권리를 보호하고 저작물의 공정한 이용을 도모함으로써 문화의 향상 발전에 이바지함을 목적으로 한다"고 명시함으로써, 그 궁극적인 목적이 문화와 예술의 발전과 향상에 있지 개인의 권리 보호에 있지 않음을 밝히고 있다. 또한 특허법에 "이 법은 발명을 보호 장려하고 그 이용을 도모함으로써 기술의 발전을 촉진하여 산업 발전에 이바지함을 목적으로 한다", 실용신안법에서는 "이 법은 실용적인 고안을 보호 장려하고 그 이용을 도모함으로써 기술의 발전을 촉진하여 산업 발전에 이바지함을 목적으로 한다"고 명시하여 궁극적인 목적을 '산업 발전'에 있음을 확실히 하고 있다. 또한 '학문의 자유'와 조화를 위해 학교 교육 목적 등에의 이용에 있어서 저작재산권을 제한하고 있고, 비평, 교육, 연구 등을 위해 공표된 저작물을 인용할 수 있게 하고, 조사 연구를 목적으로 하는 경우 도서관에서의 복제를 허용하고 있다. 그리고 특허법, 실용신안법, 의장법에서도 연구와 시험을 목적으로 하는 경우에는 권리의 효력이 미치지 않음을 인정하고 있다.

요컨대 '진리의 발견'과 '문화의 진보'가 지적재산권의 궁극적 목적이라면 지적재산권자에게 부여된 정보 유통에 대한 통제권은 수단으로서 기능하는 것이다. 여기에 공익과 사익 간의 균형점이 있다. 공익은 '진리발견과 문화진보'를 촉진하여 사회의 발전을 추구하는 데 있고 사익은 그러한 진보에 기여한 사람에게 주는 배타적 통제권에 의해 이루어진다. 따라서 지적재산권자에게 공익을 위협하지 않을 정도의 충분한 통제권을 부여하는 것이 공익과 사익간의 균형점

지식의 공공성 딜레마

이 될 것이며 여기서 지적재산권의 한시성이 도출된다.

② 사회 진보를 위한 공공 영역의 구축의 필요성

지적재산권의 목적이 궁극적으로 진리의 발견과 문화의 진보를 달성하는 데 있다면, 공익이 우선하는 지적재산권의 보호 목적은 공공 영역 구축의 출발점이 된다. 즉 진리 발견과 문화 진보를 이루기 위해서는 이전에 수많은 사람들이 남긴 지적 업적을 공중이 널리 이용하고 공유할 수 있는 공공 영역이 존재해야 하는 것이다. 공공 영역이란 "저작권이나 특허에 의해 보호되지 않는 출판, 발명, 방법의 영역"을 말하며 공공 영역에 놓인 지적재산에 대해서는 누구라도 침해 책임을 지지 않고 자유롭게 이용할 수 있는 사회 영역을 말한다. 즉 지식과 정보의 공공재적 성격에 기인해 지적재산권이 제한, 배제되어 일반 공중이 자유롭게 지식과 정보를 이용하고 공유하는 영역을 의미한다. 즉, 본질적으로 공공재(public utility)의 성격을 갖는 지식과 정보의 보고에서 한시적으로 벗어나 지적재산권에 의해 사유화되었던 지식과 정보가 보호 기간이 만료된 후 귀속되는 사회 영역을 의미하며, 이렇게 형성된 풍부한 공공 영역은 새로운 지적 창작과 사회 진보의 목적을 진작하는 필수적인 수단이자 기초가 된다. 선조들이 채워온 사상의 저장고인 공공 영역의 도움으로, '거인의 어깨 위에 서 있는 난쟁이가 거인보다 더 멀리 볼 수 있는' 것처럼, 보다 새롭고 향상된 창작물을 가능하게 해준다.

일반 대중의 자유로운 이용이 가능하도록 공공 영역을 확장시키기 위해 지적재산권을 보호하는 데 있어서는 일정한 권리 보호 요건이 설정될 필요가 있다. 저작권에 있어서 아이디어와 표현의 이분법 (idea-expression dichotomy), 독창성(orginality) 요건 등이 이에 해당한다. 일반적으로 새로운 아이디어는 공공 영역에서 발견된 것을 저작자 자신만이 표현하는 작업으로 구체화된다. 그런데 이 세상의 어떤 정보도 완전히 새로운 것은 없다는 정보의 '역사성'에 의해 저작자에게는 '표현'에 대한 통제권만 주어지고 아이디어는 공공 영역에 그대로 남아 있게 된다. 아이디어까지 보호할 경우 지적재산권을 보호하는 궁극적인 목적에 반하게 되는 것이다.

③ 권리의 향유 주체에서 도출되는 한계

지적재산권은 또한 일반적인 재산권과 달리 권리의 향유 주체에게 '상속권'과 '양도권'을 줌에 있어서 한계가 있다. 이 또한 지적재산권법이 "창작자의 지적 활동을 보호함으로써 지식, 과학, 예술 활동을 촉진시키고, 그 지적 창작의 결과를 공중이 널리 이용하고 공유하게 함으로써 궁극적으로 진리의 발견과 문화의 진보를 달성"하고자 하는 목적에 의한 것이다. 그러나 상속인은 분명 창작자가 아니므로 그 상속인까지 보호하는 것은 사회적 이용과 공유를 통한 진리의 발견과 문화의 진보와 상충되기 때문이다. 따라서 저작권의 보호 기간을 저작자의 사망 후 70년까지로 규정하는 것은 과도하며 부당하다고 지적된다.

양도권의 경우 기술 혁신을 위해 자본을 투자할 수 있는 개인이나 기업에게 권리를 양도할 수 있음으로 해서 동법이 추구하는 목적에 부응할 가능성이 있으나, 한편으로는 사실상 현대 사회에서 주로 보

지식의 공공성 딜레마

호를 받는 주체가 개인 '창작자'가 아닌 '기업'이라는 현실에서 문제가 된다. 개인 창작자들도 기업에 고용된 노동자이거나, 혹은 종속적 위치에 있는 경우가 대부분이므로 지적재산권은 거대 기업에 의해 독점화될 가능성이 있다. 새로운 아이디어 창작에 지적 노동을 기울이기보다는, 양도받은 지적재산권을 통한 이윤 창출에 우선순위를 두는 기업에 의한 독점은 결국 기술 혁신의 장애로 작용하는 데 있다. 이는 '저작자 개인'의 보호 명분이 기업으로 확장됨으로써 사회적 필요에 의한 기업 활동의 제한을 회피하는 데 사용되고, 개인보다 기업에 의한 독점은 그 사회적 영향력이 증폭되며, 급속한 기술 혁신의 속도로 볼 때 70년의 보호 기간을 보장하는 것은 저작권 만료 후 공공 영역으로 환원되는 이익을 거의 기대할 수 없게 만드는 문제점을 갖고 있다.

④ 언론 출판의 자유에 의한 제한

민주주의 국가에서 언론 출판의 자유 또는 표현의 자유는 중추적인 기본권이자 개인의 자유로운 발전 및 민주주의적 정치 질서에서 필수적인 전제조건으로 평가된다.

지적재산권에 의해 창작자는 지식과 정보를 이용하고 유통시킬 수 있는 통제권을 부여받게 된다. 이때 창작자에게 부여되는 배타적 통제권의 정도와 범위만큼, 그 지식과 정보를 자유롭게 이용하고 유통할 수 있는 타인의 언론 출판의 자유는 제한되어 양자는 일정한 긴장 관계에 있다. 그러나 진리 발견과 문화 진보라는 지적재산권의 목적을 위해 지적 창작물에 한시적 보상을 수단적으로 제공해,

결과적으로 공중이 널리 이용하고 공유할 수 있는 공공 영역을 확장하려는 관점에서 보면 양자는 배치되지 않는다. 미연방 헌법에서도 저작권(copyright) 자체를 표현의 자유를 위한 수단이며, 아이디어를 생산, 전파할 수 있는 경제적 인센티브를 제공하는 것으로 규정하고 있다.[21]

따라서 지적재산권의 강화는 자유롭게 창작에 써야 할 소재의 접근에 커다란 위협이 되는 것이다. 최근 누리꾼들의 UCC 제작에 이미 지적재산권에 의해 보호받는 저작물들을 소재로 이용하는 데 제약이 걸리면서 창작과 표현의 자유가 심대하게 위협받고 있다는 사실을 올바로 인식해야 한다. 이는 개인의 권리 보호도 중요하지만 지식과 정보의 사회공공적 성격을 심각하게 훼손하는 것이다.

요컨대 지적재산권은 자유로운 정보 유통을 궁극적으로 촉진하고 지식과 정보가 공유되는 공공 영역을 확대하기 위한 수단적 성격을 가지며, 그로 인해 지적재산권은 언론의 자유라는 헌법적 한계를 내포하고 있다. 만일 지식과 정보에 대한 과도한 지적재산권을 설정하게 되면 시공을 초월한 지적 교류와 소통을 통해 사회 문화의 발전과 진보를 위협하게 되며, 이는 현 세대가 미래 세대의 참여를 희생시키면서 과거 세대의 축적된 공공 영역을 독점하는 결과를 초래할 것이다.[22]

⑤ 접근권에 의한 한계

자유로운 정보 유통의 이념이 실질적으로 실현되려면 아무런 제

---

21 김송옥, 「디지털시대 지적재산권 보호의 헌법상 한계에 관한 연구」, 중앙대 석사학위 논문, 2003. 76쪽.
22 위의 글, 76쪽.

약 없이 타인의 사상에 접근할 수 있는 권리가 보장되어야 한다. 따라서 표현의 자유는 자신의 사고와 주장을 표현할 수 있는 자유 외에도 모든 표현이나 정보에 대한 접근권 내지는 취득권(right to receive or have access to information)도 포함된다.[23]

지식과 정보에 대한 보편적인 접근권은 민주주의 사회에서 언론의 자유에 불가결한 것이고, 특히 공익적 요청이 강한 정보에 대해서는 '아이디어'뿐만 아니라 본래 저작권이 보호하는 '표현'까지도 지적 재산권에 의해 제한되어 공중의 접근과 이용이 가능하게 된다. 공익과 사익 간에 정교한 비교 형량을 통해 구체적인 공익을 위해, 정당하고 필요한 범위 내에서, 영리의 목적 없이 이용하는 경우는 공중의 접근권이 지적재산권에 우선하게 된다. 즉 보도와 논평, 교육과 연구 등을 위해 허락 없이 자유로이 이용해도 지적재산권이 침해되지 않는 '공정 이용(fair use)'이 인정되고, 이때 지적재산권의 배타적 권리는 제한되고 공중의 접근권과 함께 공정 이용이 정당화된다. 미국 저작권법에서는 공정 이용의 여부에 대한 결정 기준으로 그 사용 목적의 상업성과 비영리성의 여부, 저작물의 성격, 전체에서 사용된 부분이 차지하는 양과 상당성, 저작물의 잠재적 시장이나 가치에 미치는 영향 등을 판단 기준으로 제시하고 있다. 거기에 법원의 재량에 따라 선의의 존재 여부, 시장에 있어서의 관습 등을 함께 참작된다.[24]

---

23 앞의 글, 77쪽.
24 김상배·김도승·원동규·최경진, 「지식정보유통의 촉진 및 권리보호 방안 연구」, 『정책연구』, 01-14, 정보통신정책연구원, 2001. 72쪽.

3 정보화사회와 정보 공유론

1) 지식과 정보의 공공재적 특징

원래 경제학적으로 지식과 정보는 재화나 용역으로 분류되는 경제 재로서 간주하지는 않았다. 오히려 일반적으로 공공재(public good)로 인식되어 왔다. 즉, 전통 경제학에서는 무상으로 입수·분배되는 자유재로 국한시켜 정보의 효용성을 인정하지 않았던 것이다.

하지만 자본주의적인 정보 생산이 촉진될수록 정보의 공공재로서의 역할은 축소되고 사유재로서의 기능이 확장되고 있다. 따라서 정보화사회가 진전되면 진전될수록 상품으로서의 정보 개념은 더욱 중요해질 것이다. 특히 저작권법은 '정보권법'으로 변화해 모든 정보를 재산으로 인식할 때가 왔다는 주장을 하고 있다.

이에 대해 정보 공유론자들은 지적재산권 제도가 특정 소수에게 독점적 이윤을 보장할 뿐, 일반 발명가나 사업가에게 실질적인 인센티브를 보장하지 못한다고 비판한다. 정보 생성을 촉진시키기 위해 만든 지적재산권이 오히려 현실적으로 사회 발전에 방해되는 요소로 작용한다고 주장한다. 정보와 지식은 기본적으로 인류의 집단적 경험과 기억, 학습이 담겨 있는 보편적 자산임에도 불구하고 특정 개인의 소유로 인정한다면, 개인의 욕망으로 인해 인류 보편적 재산이 상품화되고 결과적으로 다수가 소수에 종속되는 결과로 귀결된다. 이는 경제 민주화에 역행하는 결과가 되고 인터넷의 기본 정신인 개방과 공유의 원칙에도 어긋난다. 그러나 현실적으로 지적재산권은 법에 의해 보호받고 있고 정보 공유를 주장하는 진영은 뜻을 같이하는 사람들과 연대하여 사회적 활동을 하고 있다.[25]

지식 경제는 지식의 생산을 촉진하기 위해 성립된 지적재산권에 근거해 형성된다. 지적재산권은 지식 경제의 제도적 기반으로 변화한다. 이 과정에서 저작자의 권리를 옹호하는 최대주의와 이용자의 권리를 옹호하는 최소주의 간의 대립이 부각된다. 이 대립은 저작권을 포함한 지적재산권 일반의 목표와 수단의 괴리에서 비롯된다는 점에서 본질적이면서 논리적, 역사적인 것이다. 즉 경제 구조의 시대적 변화에 따라 최대주의가 강조되기도 최소주의가 역으로 강조되기도 한 것이다.[26]

최대주의는 저작자에게 모든 권리를 최대한 보장하고, 저작물은 저작자의 창조적 노력의 산물이므로 저작권은 저작자 개인에게 귀속되는 자연권설에 입각한다. 따라서 저작권이 최대로 보장되어야 창작 의욕이 고취되고 수준 높은 저작물이 창작된다는 대가설을 주장하고, 저작권의 엄격한 보호가 정보사회의 전제조건임을 강조한다.

최소주의는 저작자의 권리는 가능한 축소하고 이용자의 권리는 최대한 보장하려고 한다. 저작권의 독점은 필요악이기 때문에 가능한 축소하는 것이 바람직하며, 저작권은 인류 문명의 발달과 지식의 축적을 위한 수단이며, 저작물은 기본적으로 인류의 공동 재산임을 주장한다. 나아가 정보 부자와 정보 빈자의 문제가 악화될 가능성에 대

---

25 김흥열, 앞의 글 참조.
26 홍성태, 『현실 정보사회의 이해』, 문화과학사, 2002, 167쪽 ; 전상국, 앞의 논문, 122쪽 참조.

해 우려를 표하며 저작권 자체의 부정론과 이용자권의 확대론으로 나가기도 한다.[27]

지식 경제에서 독점의 문제는 궁극적으로 지식의 자본주의적 이용에 기인한다. 자본주의하에서 지적재산권은 당연하나 정보와 지식은 본래 '이용에 배타성이 없는 재화'로서 '공공재'에 해당하는 것이다. 그러나 지적재산권이 강조되면서 정보와 지식의 사회 공공재적 본성은 불가피하게 약화된다. 이는 자유주의 시장경제의 원리와 관련하여 시장의 효율적 작동은 정보의 자유로운 흐름을 요구하는 반면에 정보의 생산과 혁신을 위한 동기는 정보의 흐름을 지체시키고 제한하는 일시적 독점을 요구한다.[28] 이런 두 가지 모순적인 사회적 요구는 자유주의 시장경제가 정보와 지식의 생산과 소통과 관련하여 자기모순적임을 보여준다.

한편, 지적재산권이 허용하는 일시적 독점은 마이크로소프트의 예에서 보듯 훨씬 심각한 구조적 독점을 유발할 수도 있다. 이처럼 큰 부작용의 원인이 될 수 있는 인센티브론은 창조자로서의 저자의 개념에 입각한 것이다. 그러나 창조자로서 저자의 개념은 모호한 것이다. 어떤 정보와 지식이라도 다른 정보와 지식에 기반하여 만들어지는 것이기 때문에 완전한 의미의 창조물은 불가능하다고 볼 수 있기 때문이다.[29]

---

27 황희철, 「정보통신망 발전과 저작권」, 한국언론연구원 편, 『뉴미디어와 저작권』, 한국언론연구원, 1996, 323-340쪽.

28 James Boyle, *Shamans, Software, and Spleens: Law and the Construction of the Information Society*, Harvard Univ. Press, 1996, p. 35.

29 Ibid, xii, pp. 51-60.

문제의 본질은 경제의 효율적 운영을 위해서는 정보의 독점을 불허해야 한다는 입장과 경제의 성장을 위해서는 정보의 독점을 허용하고 인센티브를 제공해야 한다는 입장 간의 대립이며, 이는 지적재산권에 내재된 공공재와 사유재의 모순에 기인한다. 지식 경제는 정보와 지식의 사유재적 성격을 지속적으로 강화함으로써 자본주의가 현재 도달한 경제이다.

2) 정보 공유론의 형성과 확산

정보 공유론은 지적재산권의 강화와 재편에 반대하며, 지식과 정보에 대한 자유로운 접근을 주장하는 이념과 실천의 논리이다. 신자유주의적 지구화가 진행되고 있는 현실에서 지식과 정보의 상품화의 경향에 대해 정보 공유론은 그에 대한 비판과 대안의 의미가 있다.

지적재산권 체제의 강화와 재편은 지식과 정보에 대한 상품화 경향의 가속화를 비롯한 시장 질서의 확장과 병행되는 것으로서, 근대 시장자본주의의 탄생 이후 지금까지 한 번도 경험하지 못한 시장 질서 전면화의 징후로 보인다. 오늘날 지적재산권 제도는 개인에 대한 정보를 포함한 거의 모든 지식과 정보의 사유화가 진행되고 있으며, 이로 인해 인터넷 등 통신기술의 진보에 따라 성취되고 있던 지식과 정보에 대한 대중의 보편적인 접근권이 크게 위협받고 있는 것이다.

정보 공유는 정보 주체의 정보 공유 활동과 이를 뒷받침하기 위한 정보 공유 기반으로 구성된다. 정보 공유 활동은 정보 공급 활동과 정보 수요 활동으로 나눌 수 있다. 정보 공유를 위해서는 정보 주체의 공급 행위가 필요하다. 정보 주체가 정보를 공급하기 위해서는 공급할 정보를 가지고 있어야 한다. 정보의 원천은 정보 주체 자신일 수도 있지만, 다른 정보 주체일 수도 있다. 전자의 경우 정보 생성, 후자의 경우 정보 이전의 역할을 하게 된다. 공급된 정보는 필요한 정보 주체에 의해 수요된다. 정보 수요자는 공유된 정보 내에서 자신에게 필요한 정보를 광범위하게 탐색하고, 이를 수요하여 활용한다.[30]

정보 공유의 확산을 위해서는 정보 공급·수요 활동이 활발하게 일어나야 한다. 공급되는 정보는 정보 공급자가 직접 생성한 직접생성정보이거나 다른 정보 공급자가 생성한 정보를 정보 수요자가 수요하고, 이를 가공·복제하여 공급하는 간접생성정보이다. 직접생성정보를 공급하는 경우 정보 공급자는 지적재산권을 주장하고 간접생성정보를 공급하는 경우 이용권을 주장하게 된다. 정보 공급자의 지적재산권이 강화되면 정보 수요자의 이용권 제약과 그로 인한 정보 수요자의 재공급 제약이 발생한다. 지적재산권이 약화되면 원저작자의 정보 생성 노력에 영향을 미쳐 정보 공급 제약으로 작용한다. 일반적으로 간접생성정보가 대부분이므로 지적재산권 강화는 정보 공유를 제약할 가능성이 높다.[31]

이로 인해 정보와 지식의 독점에 따른 빈익빈 부익부 문제, 재산권 보호를 위한 기본권 침해의 문제, 제3세계의 전통 지식과 자원에 대한 선진국의 약탈 문제 등을 낳고 있으며, 디지털 기술과 네트워크

---

30 김동욱·윤건, 「정보공유에 관한 연구」, 『한국지역정보화학회지』, 제13권 제4호, 한국지역정보화학회, 2010, 55쪽.
31 위의 글, 61-62쪽.

기술이 가져온 풍부한 생산력 역시 재산권의 보장을 위해 제약되고
있다. 이것은 현재의 지적재산권 법, 제도가 기술의 발전을 따라가지
못해서가 아니라, 지적재산권이라는 시스템이 가지고 있는 '한계'와
'모순' 때문이다.

따라서 정보 공유론은 우선 산업 발전의 측면에서 지적재산권 제
도가 소수에게 독점적 이윤을 보장할 뿐, 창조적인 발명가나 저작자
에게 실질적인 인센티브를 보장해 주지 못한다고 비판한다.[32]

정보 공유론은 지적재산권이 지식 경제의 독점을 강화시킬 뿐이며
결과적으로 현행 제도는 기술의 확산과 공유라는 목적을 위한 제도
적 수단임에도 불구하고 오히려 이를 현실적으로 방해하는 장애가
되고 있고, 보편적인 알 권리와 표현의 자유를 억압하고 지적 창작물
의 확산을 인위적으로 저지한다고 비판한다. 이런 맥락에서 정보 공
유론자인 스톨만(Richard Stallman)은 지적재산이라는 용어 대신에 '인
위적 독점(artificial monopolies)'이라는 용어를 사용하기를 제안한다.

정보 공유론은 지적재산권이 인류 공동의 문화에 기여하기 위한
제도라는 점 역시 납득하기 어려운 논리라고 지적한다. 지식과 정보
의 사유화는 기본적으로 지식과 정보의 상품화를 의미하며 이는 시
장의 상품으로서만 지식과 정보가 공급되고 소비된다면 문화적 기
반 전체가 시장에 종속되어 붕괴되고 말 것이라고 우려한다. 즉, 이
윤을 창출하지 못하는 지식과 정보는 사회적 가치로부터 배제되어
사장되는 반면에 시장에서 소비될 수 있는 지식과 정보만이 양산되

---

32 이하 내용은 전상국, 앞의 논문, 124-127쪽 참조.

어 결과적으로 모든 지식과 정보가 오직 이윤을 위해서만 존재하는 디스토피아적 전망이 현실화될 가능성을 비판한다. 현재의 지식과 정보의 사유화와 상품화는 인간의 정신 영역인 언어와 사고마저 상품화하려고 시도할 뿐만 아니라 인간을 포함한 생명체의 유전자 정보까지도 사유화시키려는 데 따른 윤리적 문제까지 야기하고 있는 실정이다. 이런 상황은 인간의 개체적 정보를 포함한 모든 과학 지식이 급속도로 공공성을 상실하고 노골적인 시장 거래의 상품이 되고 있음을 의미한다.

이런 상황에 비판적인 정보 공유론의 특성은 다음과 같다.

첫째, 정보 공유론은 지적재산권에 대한 대다수 연구가 이 제도의 법적, 경제적 기능에 논의를 한정하는 데 반해 지식과 정보에 대한 물권적 권리를 보장하는 현행 지적재산권 체제의 정당성에 근본적인 의문을 제기하는 거의 유일한 입장이다. 정보 공유론은 지식과 정보는 다른 유형의 물질재와 달리 그 특성상 이용에 배타성이 없기 때문에 모든 사람이 공유하는 편이 더욱 바람직하므로 사유재산이 되어서는 안 되는 특성을 갖고 있다고 주장한다. 인위적인 지적재산권 제도가 없는 한, 정보와 지식 자체는 공공재의 성격을 가진다. 또한 지식과 정보는 무에서 창조되는 것이 아니라 기존의 공공의 지식과 정보를 기초로 하여 만들어진다는 점에서 공공재의 성격을 본질적으로 지닌다. 따라서 정보 공유론자들은 지식과 정보를 사유화시키는 것은 부당하며, 사유재산의 권리가 적용되어서는 안 된다고 주장한다.

둘째, 정보 공유론은 시장경제의 전면화에 대항하는 시민사회의 자생적 실천의 의미를 갖는다. 폴라니에 따르면 근대 이후 시장의 지속적인 확대와 함께 이에 저항하는 운동 또한 진행되어 왔다고 한다. 오늘날 자기 조정적 시장경제의 파괴적 영향력은 '악마의 맷돌'에 비유될 만큼 심지어 "자본주의적 생산조직 자체조차도 이 영향력으로부터 보호받지 않으면 안 되었다"고 할 정도이다. 지식과 정보의 상품화가 확산되면서 자유민주주의가 표방하던 표현의 자유, 프라이버시의 보호 등 기본적 인권마저 위협받는 상황이 되었으며, 공적 지식과 정보의 영역이 급감하고 위축되고 있다. 이런 상황에서 "지식과 정보의 공유적 질서"를 주장하는 정보 공유론은 시민사회의 자생적 대항이라 할 수 있다.

셋째, 정보 공유론은 자유주의 사상과 마르크스주의 사상이라는 양대 조류 모두에 있어서 이론적, 실천적으로 중대한 함의를 지닌다. 정보 공유론은 제퍼슨 정치 이념을 옹호하는 '정보 자유주의'와 밀접한 연관이 있다. 정보 공유론은 정보 자유주의에 기반하여 지적재산권 제도가 '정보의 자유'를 침해한다고 주장한다. 지식과 정보 상품의 소비자에게 부과되는 각종 의무들이 사용자들의 정당한 권리인 접근권 등을 위축시킬 뿐 아니라 인간의 창의적 활동을 침해한다고 비판한다. 정보 공유론은 자유주의 이념에 기초하여 '시장 질서의 확장'에 반대하는 흐름이다.

반면, 마르크스주의와 정보 공유론의 관계의 측면에서 보면, 첫째, 마르크스주의 정치경제학이 정보화 시대의 새로운 동학을 적절하게 설명하지 못하거나 침묵한다는 지적에 대해 정보 공유론은 새로운 논점을 제기해 줄 수 있다. 만일 지식과 정보가 독점적인 소유 대상이 되지 않는다면 기존의 이론적 구도를 위협하는 새로운 동학들은 해소된다. 또한 지식 정보화 산업의 동학들이 새로운 구도에서 안정화될 수 있다면, 마르크스주의 정치경제학은 여전히 적실한 설명력을 갖는 이론으로 남아 있을 수 있다. 나아가 이런 문제의식은 '생산수단의 사회화'라는 정통 마르크스주의의 관심에 의문을 제기한다. 지식과 정보의 소유가 가져온 사회적 관계들에 따라 새로운 이론적 모색을 필요로 하게 되었다. 정보 공유론은 여기에 '노동의 사회화'라는 문제의식을 제기하는 것으로 보인다.

둘째, 정보 공유론은 지식과 정보의 생산과 소비 체계를 '개인주의적 시장'에서 '공동체적 공유 질서'로 변모시킴으로써 지식과 정보의 '코뮨적 생산양식'을 실현하고자 하려는 시도로 평가될 수 있다. 인간이 삶에 필요한 재화와 서비스를 전적으로 시장에 의존하는 것을 '정상적'인 환경으로 사고하게 된 것은 전(全) 역사적인 사실이 아니라 자본주의 생산양식이 일반화된 이후의 근래의 상황에 한정된다. 더구나 지식과 정보는 문화를 구성하는 가장 중대한 요소로서 시장에 종속되어선 안 될 것들이다. 모든 지식과 정보가 자유롭게 공유되는 질서는 시장으로부터 상대적으로 자율적인 문화적 환경을 조성하는 밑거름이 될 뿐 아니라, '코뮨적 생산양식'이라는 지향을 부분적으로 실현하려는 시도로 평가된다는 점에서 마르크스주의의 관심과도 부합된다.

정보 공유론의 실천적인 도전과 확산은 1980년대 중반에 리차드 스톨만이 GNU프로젝트를 시작하고 자유소프트웨어재단을 설립했을 때부터 전개되기 시작하였다. 이 운동은 현실 정보사회의 중요한

　　　　　　　　　　　　　　지식의 공공성 딜레마

기술적 기반이자 신산업의 중추인 소프트웨어 분야에서 정보 사유론의 정당성과 효율성에 대한 중대한 도전으로 성장하였다. 이 도전은 기술적 대안을 통해 상업 소프트웨어에 대해 실제적인 위협을 가한 동시에, 상업 소프트웨어의 정당화 논리 자체에도 큰 영향을 미쳤다. 특히 마이크로소프트(MS) 사의 독점 강화에 따라 산업계 내부에서 반MS 세력이 확산되었다는 점은 커다란 성과를 거두었다. 이들이 정보 공유 사회 운동의 실용주의 진영을 주요한 동맹 세력으로 택함으로써 정보 공유론의 지반이 사회적으로 확산될 수 있는 계기가 마련된 것이다.[33]

정보 공유론은 단순히 기존의 '생산된 지식과 정보'를 공유하는 것에 그치지 않고 합법적으로 정당하게 공유될 수 있는 지식과 정보를 생산함으로써 보다 적극적으로 정보와 지식의 공유적 질서를 확산시키고자 한다.

4 정보 사유론과 정보 공유론의 균형과 조화

일방적으로 정보 사유론에 경도되는 사회에서는 정보사회론자들의 주장과 달리, 풍부한 지식과 정보의 자유로운 유통과 확산이 보장되기 어렵다. 미래 또한 정보사회론자들의 낙관적 전망과 주장과는 달리 실제로는 암울한 디스토피아적 미래로 변할 우려가 있는 것이다. 반면에 정보 공유론이 추구하는 세계는 지식과 정보의 확산과 공

---

33 홍성태, 앞의 책, 232-233쪽.

유로 인해 일견 자유롭고 풍요로운 정보화사회가 가능할 것처럼 보인다. 하지만 정보 공유론은 기본적으로 소극적, 저항적인 권리 주장에 머무르는 한계가 있다. 나아가 정보 공유론만이 정보화사회에서 지배하는 현실에서는 오히려 지식과 정보가 위축될 개연성도 존재한다.

비유하건대 타인의 주거지의 문이 열려 있다 할지라도 허락 없이 들어가 사유물을 가져오는 것은 무단 침입과 절도에 해당할 것이다. 또 유실물의 습득이 자신의 정당한 소유 권리를 발생시키지도 않는다. 또한 장물임을 인지한 물건의 소유도 범법이 아니라고 항변할 수도 없을 것이다. 이를 디지털 소유에 비유하자면, 모두 그대로 적용되지는 않겠지만, 자본주의의 구조적 규정을 받는 디지털 소유에 대한 침입과 절도 등의 범법 행위가 성립하지 않을 이유가 없어 보인다. 급변하는 정보 기술의 발전 속도로 볼 때, 많은 경우 일시적 독점 자체도 어려운 디지털 소유에 대해 정보 사유론이 한편으로는 지적재산권을 수정, 강화하면서, 또한 기술적 암호로 보호하려는 것은 불가피한 측면이 존재한다.

하지만 이는 지적재산권의 궁극적인 목적과 공익과 사익 간의 균형의 관점에서 보면, 과도한 주장과 요구라는 비판을 받을 충분한 이유가 된다. 또한 코드와 같은 기술적 우회는 불가피성이 인정은 되면서도 스스로 지적재산권의 존재 의의를 이탈한 것으로 평가될 수 있다. 코드에 의해 지적재산의 공익의 측면은 원천 봉쇄되며, 상위의 헌법과 민주주의의 정신과 원칙은 심대하게 침식받고 있다. 더욱이 기술적 우회에 의한 지식과 정보의 사유화 추구는 본질적으로 사유

지식의 공공성 딜레마

화에 대한 정당한 권리의 발생과 전혀 무관한 것이다. 나아가 코드는 정보화사회의 엔클로져 운동으로서 정보 사유론의 이념적 정당성에 대해서도 도덕성 시비를 불러일으킬 수 있다. 창작자의 노동에 대한 보상으로서, 또는 사회 발전에 기여한 대가로서 지식과 정보를 일시 적으로 사유화하는 데는 정당성의 근거가 충분히 존재할 수 있다. 하 지만 코드는 이렇게 사유화된 지식과 정보라 할지라도 여전히 잔존 하는 다수의 공익과의 균형과 지적재산권에 의한 공정한 한계와 제 한의 이념 자체를 무력화시키고 독점을 영구화하는 결과를 초래하 기 때문에 도덕성에 반하며, 정보 사유론의 이념에 대한 사회적 저항 을 초래할 수 있다.

한편, 정보 공유론은 정보사회가 현실에 있어서 자본주의와의 연 속 혹은 강화를 밝혀줌으로써 정보사회론의 상상된 미래나, 근거 없 는 낙관론을 벗어나 현실의 문제를 직시하게 하는 데 기여했다. 하지 만 정보 공유론도 전적으로 자본주의 자체를 부정하거나 전복시키 려는 이념과 운동이 아니라면 이윤을 추구하는 자본주의의 상품화 와 사유화, 즉 정보 사유론에 의해 관철되는 자본의 논리를 상당 부 분 현실적으로 직시하고 인정해야 할 필요가 있다. 요컨대 생산부터 경제적 보상, 즉 이윤을 추구하기 위한 목적으로 엄청난 노동과 비용 을 투자해 생산한 사유화된 디지털 소유권 자체를 부정하고 원래 공 공재로서의 지식과 정보의 특성만을 내세워 공유하려는 시도는 정 당성이 취약해 보인다.

물론 정보 사유론자들이 일방적으로 주장하는 해적 행위나 범죄 행위는 아니더라도 정보 공유의 이념과 운동이 보다 건전하고 자유롭게 발전하려면 자신들 스스로의 창의적이고 건설적인 노력이 더욱 요청된다. 즉, 공유 자체를 목적으로 한 스스로의 창의적이고 건설적인 풍부한 지적 결과물을 사회에 제공하는 노력이 활발하게 병행될 때 사회적 지지와 정당성의 지반이 보다 확고해질 것이다. 지식과 정보가 사유화되어 소유자의 노동의 동기인 경제적 보상과 유인을 보장해 주지 못한다면 양적으로나 질적으로 고양되지 않는다는 비판을 역으로 반증할 과제가 정보 공유론에 제기될 수 있다.

지식과 정보의 완전한 사유도 완전한 공유도 불가능해 보이는 현대 정보화사회는 대중의 적극적인 참여가 이루어지면서 진보적 공론장이 자동으로 확장되고 있다. 하지만 대중은 본질적으로 가변적이라 자기의 이해관계에 따라 움직이기 때문에 사회가 항상 진보적인 방향으로 변화하지는 않는다. 이를 고려하면 지금은 개인의 기본적 권리를 일정 부분 인정해 주는 대신, 공공재로써 지식과 정보가 자유롭게 생산, 유통, 소비되어 공공 영역이 확장되는 정보 사유와 정보 공유 사이의 균형과 조화를 만드는 것이 절실해 보인다.

지식의 공공성 딜레마

제6장

공공적
지식 재화의
사회화 전략

김영수

✝ 학술 연구논문을 비롯한 다양한 지식 재화들은 정보재의 가치를 보유한 사적 상품이자 공공적 재화의 성격을 동시에 보유하고, 정보사회를 작동하는 주요 메커니즘으로 존재한다. 지식 재화가 이중적일 수밖에 없는 이유는 간단하다. 어떤 지식 재화든 연구자들의 개인적 노동의 가치가 투영되어 있어서, 개인의 창의성과 노동력에 조응하는 수준의 소유권을 인정받는 것이지만, 지식의 사회적 전승과 계승이라는 측면에서 볼 때, 역사적 산물인 사회의 구조와 현상이 반영되는 공공적 가치가 투영되어야만 그 재화를 생산하기 위한 노동이 가능해지기 때문에, 지식 재화는 사회적 공유물의 성격으로부터 자유롭지 않다. 그래서 〈공공적 지식 재화의 사회화 전략〉은 학술 연구논문(지식 재화)에 대한 사회적 관리를 대안으로 제시한다. 사회적 합의기구가 구성되고, 그 기구가 자율적이고 독립적인 권한을 확보한 상태에서 학술 연구논문(지식 재화)을 관리하여, 헌법 가치를 실질적으로 실현하자는 것이다. 그리고 이 글은 2013년 중점연구과제에 대한 한국연구재단의 지원사업의 도움으로 완성되었다.(NRF-2013S1A5B8A01055117).

1 문제의식

오늘은 정답이라고 제시하는 그 어떤 것이 내일이면 오답이 될 수 있는 사회, 정보가 홍수처럼 쏟아져 어느 것이 진짜 정답인지 알기 어려운 카오스 사회, 엄청나게 쌓이는 정보 꾸러미 속에서 자신에게 적합한 꾸러미와 알맹이를 선택하기가 쉽지 않지만, 꾸러미 간의 또는 알맹이 간의 융합과 접합으로 그 어떤 것도 버리기 어려운 사회. 필자가 생각하는 정보사회의 단면을 그려본 것이다. 이 외에도 정보사회의 다양한 특성들을 제시할 수 있지만, 지식과 정보를 근간으로 하고, 그것의 네트워크를 일상화시켜 주는 장치(mechanism)들이 있어야만 작동이 가능한 사회의 다양한 모습들이다.

학술 연구논문을 비롯한 다양한 지식 재화들은 정보재의 가치를 보유한 사적 상품이자 공공적 재화의 성격을 동시에 보유하고, 정보

사회를 작동하는 주요 메커니즘으로 존재한다. 지식 재화가 이중적일 수밖에 없는 이유는 간단하다. 어떤 지식 재화든 연구자들의 개인적 노동의 가치가 투영되어 있어서, 개인의 창의성과 노동력에 조응하는 수준의 소유권을 인정받는 것이다. 하지만, 지식의 사회적 전승과 계승이라는 측면에서 볼 때, 역사적 산물인 사회적 구조와 현상이 반영되는 공공적 가치가 투영되어야만 그 재화를 생산하기 위한 노동이 가능해지기 때문에, 지식 재화는 사회적 공유물의 성격으로부터 자유롭지 않다.

민주주의의 공고화에 대한 판단 기준은 매우 다양하다. 개별 국민국가의 특수한 성격이 강조되기도 하고, 보편적인 현상만을 판단의 근거로 내세우기도 한다. 물론 특수성과 보편성을 분리시키는 순간, 적지 않은 오류에 빠지는 것은 당연하다. 그렇지만 역사적으로 살펴보건대, 민주주의 이행의 핵심은 사회적 통합으로 갈등과 균열을 축소시키면서 각종의 제도적 모순들을 개혁해 나가는 것이었다. 높은 수준의 경제 개혁과 경제 발전, 국민적 합의, 민주적인 제도의 정착, 민주적이고 경쟁적인 선거 게임의 정착, 확장된 선거 경쟁의 존재, 높은 수준의 정치 참여와 자유, 정책의 결정과 집행에서 나타나는 높은 투명성, 정치적 행위에 조응하는 책임성, 통합적인 시민사회의 형성 등이었다. 이러한 제도적 개혁 과제들은 민주주의 이행의 제도적 지표였다. 주로 정치사회의 점진적인 구조 개혁과 연계되어 있는 것들이다.

그런데 2000년 이후에는 이러한 지표 이외에도, 사회 구성원들에게 삶의 질을 보장하는 것이 민주주의의 최고 가치로 대두되었다. 개

         지식의 공공성 딜레마

인에게 노동 및 생활의 만족도를 보장하고, 그것을 토대로 삶의 행복을 보장하기 위한 사회적 가치가 실현되는 사회 체제, 즉 제도적이고 정책적인 변화가 사회 구성원 개개인에게 생활의 만족과 삶의 행복감을 보장하지 못한다면, 민주주의의 참된 가치를 실현하지 못하는 만큼, 국가의 역할과 기능도 변화되어야 한다는 것이다.

만약 지식 재화가 정보사회의 사회적 기반임을 인정한다면, 지식 재화를 둘러싼 다양한 주체들의 만족감과 행복감을 보장하는 체제가 21세기 민주주의의 최고 가치인 '삶의 질'을 실현하는 사회일 것이다. 따라서 학술 연구논문을 비롯한 각종의 지식 재화가 민주주의를 판단하는 사회적 요소임을 전제로, 지식 재화의 생산-유통-소비의 관계는 곧 민주주의의 공고화 및 사회화를 판단하는 주요 지표로 작용할 수 있다.

2 지식 재화를 둘러싼 공공성과 계급적 관계

1) 공공 재화의 사회적 민주화 이행

1980년대 후반, 오도넬(Guillermo O'Donnell)은 중남미 지역을 중심으로 한 사례 분석을 토대로 민주화 이행 과정을 자유화(liberalization), 민주화(democratization), 사회화(socialization)로 제시하였으며, 권위주의 체제가 무너지고 난 이후, 자유화 및 민주화는 반민주적인 사회구조를 민주적인 사회구조로 변화시키기 위한 제도적·법적 과제들을 실현하고, 사회화 단계는 사회적 하부구조의 실질적인 민주화와 연계시켰다. 각 단계에 조응하는 정책이 민주주의 이행이라는 전략적 과제들을 복합적으로 융합시켰고, 다양한 과제들의 단절과 계승이라는 전략의 재구성도 지속되었다. 이처럼 민주주의는 사회구조를 새롭게 구성하는 역사적 · 현재적 구성물이다. 공공 기관도 그 구성물 중의 하나이다.

1987년 6월 항쟁 이후, 소위 87년 체제의 시작과 함께 공공 기관도 자율 책임 경영 실현, 사회 공공적 역할의 강화, 민주적인 구조 개혁 등을 자신의 주요 과제로 삼았는데, 이는 관료주의적이고 권위주의적인 공공 권력 기관의 재구성 전략이었고, 또한 국가-공공 기관-국민 간의 관계를 새롭게 재편하는 공공 개혁의 일환이었다. 민주화는 국가와 국민 간의 권력 관계를 지속적으로 재구성하는 과정인 것이다. 국가나 공공 기관이 독과점하고 있는 정치적 · 사회적 · 경제적 권력을 분권화하는 것은 시민사회를 활성화시키고, 시민사회에게 국가권력을 이양하는 민주주의의 전략적 선택이다. 사회 구성원들은 공공 부문에서 생산하는 공공 재화의 소비 혜택을 누려야 할 권리를 보유하고 있다. 사회 구성원들은 공공 부문의 실질적 소유자이고, 생활에 필수적인 공공 재화를 모두가 소비하면서 삶의 질을 향상시킬 권리를 보유하고 있기 때문이다. 이러한 '권리'는 사회 구성원 모두에게 주어지는 자연권이자 실정법상의 권리이다. 단지 자신의 의사와는 무관하게 그러한 권리들을 정부에 위임했을 뿐이다.

각 영역의 공공성이 총체적으로 구성되는 '사회공공성'을 제기하고 있으며, 또한 자본주의 사회 체제에서 생산력의 사회화에 조응하

지식의 공공성 딜레마

는 생산수단의 소유구조와 운영구조를 변화시키고자 하는 '사회화'가 민주주의 이행과 접합된다는 것이다. 김성구는 국가의 민주화와 공공 재화의 사회화를 강조하였다. "자본주의 생산의 사회화가 보편화된 상태에서 거대 독점기업의 공적 소유로의 전환, 사회적 조절기능을 강화시키기 위한 국가의 민주화, 사회적 기업들을 사회적으로 관리하는 시스템의 강화 등을 추구한다. 사회화를 주장하는 사람들은 사회화라는 담론이야말로 현대 자본주의 체제에서 발생하는 계급투쟁의 접점이다."[1] 자본주의 사회 체제에서 생산력의 사회화에 조응하는 생산수단의 소유구조와 운영구조를 변화시키고자 하는 '사회화'의 의미로 규정하기도 한다.

공공 부문의 사회공공성을 유지하기 위해서는 '사회적 생산과 사회적 소비'를 강화해야 한다. 문제는 '사회적 생산'이 사적 자본의 이윤 축적에 유리한 조건을 구축하는 것이 아니라 사회적 자본의 축적으로 공공 부문의 '사회적 생산력'을 향상시켜야 한다는 점이다. 이를 위해서는 생산수단에 대한 사회적 소유를 바탕으로 공공 부문의 사회적인 경쟁력과 효율성을 제고해야 한다. 공공 기관의 노동자들도 공공 재화의 사회적 생산과 생산수단에 대한 통제의 강화, 생산된 공공 재화의 사회적 소비를 사회 구성원 모두에게 확장시키는 '분배의 효율성'을 달성하기 위해 다양한 투쟁을 전개하였다.

2002년 2월, 대표적인 공공 부문의 사업장에서 파업이 발생하였다. 전국발전산업노동조합, 전국철도노동조합, 한국가스공사노동조

---

1 김성구 편, 『사회화와 공공부문의 정치경제학』, 문화과학사, 2003.

합이 공동으로 파업을 단행하였고, 그러한 투쟁은 2013년 12월까지 지속되었다. 2015년 현재, 사회적인 주요 쟁점은 공공 의료의 사회화를 강조하는 보건의료 노동자들과 그것의 민영화를 추구하는 국가와의 갈등이다. 이들 노동자들은 민영화를 중심으로 하는 구조개혁 정책에 반대하면서 '국가 기간산업 및 사회적 기간산업의 공공성 강화', 즉 공공 재화의 사회적 관리와 분배를 제기하였다. 사회 구성원들에게 양질의 공공 서비스 재화를 공급하는 것 자체가 자신들의 노동의 정체성에 맞는 것이라고 하였다.

그런데 지식 재화도 정보사회에서 사회적인 관리와 분배의 주요 대상이다. 지식 재화가 아무리 개인의 노동으로 생산되고, 그에 대한 사적 소유권을 인정한다 하더라도, 사회적 가치를 내포하고 있는 (준)공공 재화인 만큼, 이런 재화에 대한 국가 혹은 공공 기관의 관리가 최고선인지, 즉 21세기 민주주의의 가치에 조응하는 정책인지, 아니면 지식 재화를 사회적으로 관리하는 것이 지식 재화의 생산자와 소비자들에게 생활의 만족도와 삶의 행복감을 보장하는 것인지 여부를 규명하는 작업도 민주주의의 사회적 토대를 강화하는 과정이기 때문이다.

공공 재화의 사회적 민주화는 재화의 생산과 소비가 사적으로 이루어지는 것을 배제하고 있다. 공적인 공동의 소유 주체가 생산하여 공급하고, 또한 그 재화를 공급하는 가격도 공동으로 결정한다. 따라서 공공성은 '공공 부문에서 생산하여 공급하는 재화의 탈시장적·탈수익적 성격을 지속·강화시키는 사회적 관계'의 의미로 이해할 수 있다.

　　　　　　　　　　　　　　　　지식의 공공성 딜레마

물론 공공 기관은 지식 재화의 생산에 필요한 비용의 일부를 제공하고, 그러한 조건에서 생산된 지식 재화의 공공성을 내세워 공공적 관리의 정당성을 강조한다. 공공 기관의 관리가 곧 공공 재화의 탈시장적·탈수익적 관계를 강화한다는 것이다.

　그렇지만 국가 및 공공 기관이 실질적으로 공공성을 실현하지 못한다면, 혹은 공공성을 앞세워 특정한 세력이나 계급에게만 유리한 정책을 결정하고 집행한다면, 탈국가적인 관리와 유통은 공공 재화의 실질적인 공공성을 실현하는 데 유리할 수 있다.

　문제는 탈국가적인 관리와 유통도 지식 재화의 공공성을 유지하고 강화함과 동시에 지속적인 재생산을 염두에 두어야 한다는 점이다. 지식 재화가 사회적인 가치를 반영하고 있는 만큼, 지식 재화의 재생산은 곧 사회적인 가치의 재생산과 연계되기 때문이다.

2) 지식 재화를 둘러싼 사회적 관계

　공공성은 사회적 계급관계의 차원에서 두 가지 성격을 보유하고 있다. 첫째로는 공공 재화가 생산되고 소비되는 과정에서 현실화되는 계급적 성격이다. 둘째로는 계급투쟁의 과정에서 현실화되는 계급 간의 힘의 관계를 응축하고 있다. 따라서 공공성 확보 투쟁은 공공 재화로 형성되는 공공적 가치를 전유하는 과정이자 사회적 계급관계를 구성·재구성하는 과정이다. 공공재의 공급을 얼마만큼 확대·강화시켜 나갈 것인가 등은 기본적으로 계급간의 힘 관계에 의해 결정된다.

국가 · 자본과 노동자 · 민중은 공공적 지식 재화를 함께 생산하고 소비한다. 대부분의 공공적 지식 재화는 국가 및 공공 기관이 직접 생산하기도 하지만, 연구자들에게 비용을 지불하여 생산하는 경우가 허다하다. 노동자 · 민중은 그러한 다양한 생산비용의 소유권을 행사할 수 있고, 공공적 생산수단의 실질적인 소유자이지만, 형식적으로는 국가가 소유하고 관리한다. 그래서 국가는 공공 부문 노동자들을 고용하여 재화를 생산하고, 생산된 재화를 사회 구성원 모두에게 공급한다. 국가와 공공 기관이 보유하고 있는 공공성의 원리상, 공공적 지식 재화의 공급을 정책적으로 현실화하는 주체는 바로 국가 및 공공 기관이다. 사회 구성원 모두는 이러한 재화를 소비하면서 사회적 생산력을 발전시킨다.

문제는 공공적 지식 재화를 생산하고 소비하는 사회적 관계에 따라 공공성의 계급적 성격이 달라질 수 있다는 점이다. 공공성의 계급적 성격은 공공적 지식 재화를 계급적으로 전유하는 과정에서 서로 다르게 나타난다. 국가 · 자본은 자본 축적을 촉진하는 기능에서 지식 재화의 공공적 성격을 규정하려 하고, 노동자 · 민중은 국가 · 자본의 그러한 의도를 무너뜨림과 동시에 사회적 생산력에 조응하는 삶의 질을 향상시키는 차원에서 지식 재화의 공공적 성격을 규정하려 한다. 공공적 지식 재화를 소비하는 목적이 계급적으로 서로 다르기 때문에 나타나는 현상이다. 노동자 · 민중은 노동력을 재생산하는 삶 조건의 변화, 즉 사회적 생산력의 발전에 상응하는 만큼 생활의 질을 향상시키려 하는 반면, 자본가 계급은 자본의 생산성을 향상시키는 것을 목적으로 한다. 국가 · 자본과 노동자 · 민중 간의 계급

지식의 공공성 딜레마

투쟁이 발생하게 되는 주요 동력인데, 이러한 동력은 공공적 지식 재화의 소비에도 투영되어 있다. 국가 및 공공 기관의 성격을 변화시키지 않는 상태에서, 국가 및 공공 기관이 공공적 권력은 보유할지라도, 노동자·민중의 삶과 연계되는 공공성을 보장한다고 할 수 없는 것이다.

국가·자본은 자본주의 체제를 강화하면서 자본 축적의 위기 상황을 극복하는 수단에서 공공적 지식 재화를 계급적으로 전유하려 하고, 노동자·민중은 생활의 질을 유지하고 향상시키기 위해 공공적 지식 재화를 계급적으로 전유하려 한다. 전유되는 공공적 지식 재화의 양과 질은 국가·자본과 노동자·민중 간의 계급투쟁으로 결정될 것이고, 계급적 힘의 관계를 반영하는 계급투쟁의 형식과 내용은 자본주의 사회의 계급관계를 구성·재구성하게 될 것이다. 공공적 재화의 전유를 둘러싼 사회적 계급관계인 것이다. 형식적으로는 정부가 소유자이지만, 실질적으로는 모든 국민이 공공 부문의 소유자이기 때문에, 소유자 간에 갈등과 긴장의 관계가 지속된다.

그래서 국가는 공공성을 둘러싼 계급투쟁의 장이자, 노동자·민중이 권력 공간 내부에서 헤게모니를 장악해 들어가는 장이기도 하다. 국가·자본의 공공성을 자본주의 체제 모순의 위기를 극복하면서 자본 축적으로 촉진시키는 이데올로기적·물질적 기제로 규정한 반면, 이러한 국가·자본의 공공성에 대항하여 미래 사회의 전망과 관련된 노동자·민중의 헤게모니를 강화시켜 나가는 과정이 존재할 수 있는데, 이를 노동의 공공성으로 규정하고 있다. 공공성의 계급적 성격에 따라 공공성의 의미가 계급적으로 상반될 수밖에 없다는 것이다.

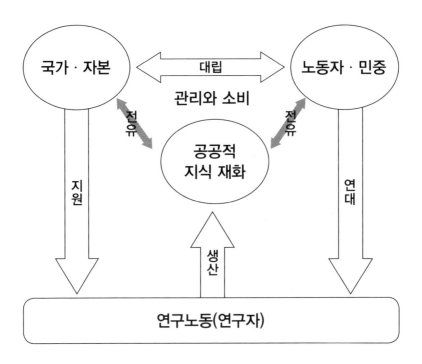

〔그림 1〕 공공적 지식 재화의 계급적 전유 과정

국가 · 자본과 노동자 · 민중 사이에 대립과 투쟁으로 형성되고, 변화되는 공공적 지식 재화의 계급적 전유 과정 속에서 국가 · 자본, 노동자 · 민중, 그리고 연구노동(연구자)의 관계를 도식화하면, 위의 [그림 1]과 같다.

다시 말해 국가와 자본은 공공재라는 지식 재화의 공공성 이데올로기를 앞세우면서도, 공공적 생산비용을 앞세워 공공적 지식 재화에 대한 공급과 관리로, 자본주의적 생산의 물질적 · 비물질적 조건까지 개입하려 한다. 왜냐하면 연구노동으로 생산되는 공공적 지식 재화 중에는 국가 · 자본의 요구에 부응하는 것들도 많이 있고, 지식

　　　　　　　　　　　　　지식의 공공성 딜레마

권력의 헤게모니를 지속적으로 강화해야 하기 때문이다. 반면에 노동자 · 민중들은 지식 재화를 생산하는 연구노동과 긴밀하게 연대하여 공공적 지식 재화의 가치를 삶 조건에 투영시키고, 공공적 지식 재화를 관리하면서 노동자 · 민중의 삶을 각박하게 하는 국가 · 자본과 대립한다. 지식 재화의 공공적 성격을 더 많이 각인시키고, 공공적 지식 재화 및 기타 공공재의 공급을 확대 · 강화하려는 노동자 · 민중과 국가 · 자본 간의 각축이 일상적으로 존재한다. 결국 연구노동은 공공적 지식 재화를 매개로 국가 · 자본이나 노동자 · 민중과 만나지만, 마주하는 대상이 누구냐에 따라 매우 다양한 얼굴로 자신의 가치를 내세운다. 국가 · 자본이나 노동자 · 민중은 각각 자신의 입맛대로 공공적 지식 재화를 전유하는 과정에서 연구노동을 접하지만, 연구노동자는 연구노동에 대한 자신의 권리를 바탕으로, 사회 체제의 계급 관계와 접합한다.

3 지식 재화의 관리와 공공성

1) 공공 기관 적자 재정의 딜레마와 지식 재화

국가와 공공 기관은 국민들의 편안한 생활 조건을 형성 · 유지하기 위해 세금을 거둬들이고, 그 세금을 효과적으로 집행하려 한다. 그 일환으로 공공 부문을 설립 · 운영해 왔다. 그런데 국가 및 공공 기관은 공공 재화를 설립하기 위해서 아주 많은 예산을 투여하지 않으면 안 된다. 사회적 인프라를 구축하는 데 필요한 비용이 거대할 뿐만 아니라, 대부분 사적 자본은 적정 이윤을 보장할 수 있는 사회적 인프라가 구축되지 않은 상태에서는 공공 재화의 생산에 투자를 하지 않는다. 사회적 인프라는 고정자본의 비용, 자본의 회전 기간 등으로 인해 시장 기제를 통해 사적으로 확보하기 힘든 부문이기 때문이다.

사적 자본이 공급하기 힘든 공공 재화를 생산하여 국민들에게 직접 공급하거나 그러한 기관들을 관리해 왔던 것이다. 철도, 도로, 전기, 수도, 가스, 지식 재화 등이 대표적인 경우이다. 대부분의 사람들이 말하는 사회적 인프라(social infra-structure)가 그것이다. 지식 재화는 사회적 인프라의 인프라, 즉 공공적이고 전문적인 공공 재화에 해당한다. 국가가 국공립대학이나 각종의 공공적 연구기관들을 설립하여 운영하는 주요 이유이다.

이러한 인프라들은 시원적 산업으로서 총자본에게 자본 축적을 촉진시키기 위한 조건을 제공하지만, 사회 구성원 모두에게 공공적 소비의 혜택을 제공한다. 이 과정에서 자본주의 체제의 사회적 생산력은 발전하게 된다. 이로 인해 국가와 자본은 사회적 인프라를 구축하는 과정에서, 자본의 이익을 앞세우기보다는 사회 구성원 모두에게 보편적 이익을 안겨주는 공공재라는 명분을 내세웠다. 공공 재화를 생산하고 관리하는 공공 비용이 사적 자본에게 전이되고 있는 자본주의적 현실을 엄폐하거나 은폐하고, 또한 공공 재화의 생산과 관리의 정당성을 국민들로부터 확보하는 수단이 필요했기 때문이다.

그래서 철도 및 지하철, 사회복지와 관련된 각종의 보험 및 연금, 각종의 정부 출연기관, 국공립 의료기관, 국공립 학교기관 등의 운영과 관리가 대부분 적자재정으로 이루어진다. 사회적 인프라 산업의 공공 재화가 값싸고 질이 좋은 공공 서비스로 공급·관리되고, 삶의 부가가치를 높이는 반면에, 재화 가격의 부가가치는 발생하지 않는 방식으로, 공공성을 실현하기 때문이다.

우리나라는 세계 11대 경제대국으로 발전하게 되었는데, 주요 동력은 사회적 인프라에 대한 국가의 역할이었다. 그러나 적자재정의 문제가 각종 세금 및 공공 요금의 인상과 연계되자, 국가 및 공공 기관은 적자재정을 극복하기 위해 민영화하거나 예산의 배정을 대폭 축소해야 한다는 정책의 정당성들을 제시하였고, 공공 재화의 가격 인상 정책이나 공공 기관 노동자들의 임금을 억제하는 정책도 추진되었다. 1998년부터 공공 부문에 대한 경영 혁신을 추진하면서 정책의 정당성을 다음과 같이 제시하였다. ① 공공 부문이 오랜 권위주의 통치 과정에서 방만하고 비효율적으로 운영되어 왔다. ② 자원 및 인력의 집적으로 시장경제의 질곡으로 작용하고 있다. ③ 공기업 매각 등을 통해서 구조조정에 소요되는 재정의 확보가 필요함은 물론 공공 부문의 혁신이 1998년을 전후로 하는 외환위기 상황에서 IMF로부터 구제금융을 받기도 하였는데, 공공 부문의 경영 혁신 및 구조조정의 다양한 과제들은 한국 경제에 대한 신인도 제고와 직결되기도 했었다.

국가 및 공공 기관이 사회적 인프라로 노동자·민중들에게 양질의 삶 조건을 마련할수록 적자재정이 심화되고, 그 상황을 극복하기 위해 노동자·민중들에게 더 많은 세금을 강요하는 상황이 반복된다. 그래서 국가 및 공공 기관은 이러한 딜레마를 극복하기 위해 공공

정책의 지배구조 및 운영구조를 다양하게 변화시키려 한다. 그런데 공공 부문을 민영화할 경우, 소유자를 둘러싼 딜레마에 빠지게 된다. 국민의 동의를 얻지 않은 상태에서 소유 관계를 변화시킬 수 있느냐라는 것이다. 물론 국민을 대표하는 국회의 의사결정을 토대로 민영화 정책을 집행하지만, 국회의 의사가 곧 모든 국민의 의사라고 간주하기에는 적지 않은 문제점들이 발생되고 있다.

공공 기관의 적자재정은 또 다른 문제를 야기할 수 있다. 공공 기관이 적자 상태임에도 불구하고, 그 기관의 노동자들은 매년 임금을 인상하여, 국민들의 세금을 증가시키고 있다는 비판도 그러려니와, 높아지는 생활비용을 감당하지 못할 정도로 공공 부문 노동자들의 임금이 너무 낮을 경우, 사회적인 부정부패의 한 원인으로 작용할 수 있다는 것이다.

2) 효율적 생산관리의 딜레마와 지식 재화

한국의 공공 부문은 1960년대 초반 이후부터 경제개발 정책의 일환으로 급속하게 확장되어 왔다. 특히 공기업들은 국가경제의 기반을 구축하면서 동시에 국민들에게 양질의 공공 재화들을 값싸게 공급하였다. 이 과정에서 공공 부문, 특히 공기업은 정경유착의 매개 고리를 제공하는 운영, 관료주의적이고 권위주의적인 운영, 독점적 규격가격제도에 의한 배분의 비효율성, 방만하고 무사안일적인 운영 등의 문제점들을 드러내기도 했다. 관치금융은 부실경영 및 과잉투자로 이어졌고, 이는 곧 정치자금과 경제정책의 특혜를 주고받아 관치금융 및 정경유착의 수단으로 작용하였다. 공공 부문의 '정치적 공공성'이 극대화된 것으로 간주할 수 있다. 즉 조직적으로 정치적 이해와 긴밀하게 연계, 경제위기의 경우 경제적 구조조정(합리화)의 주요한 주체, 사기업에 대한 수입 및 수출의 보조 수단, 고용안정을 유지하는 수단, 거시적인 경제 정책을 수립하기 위한 도구로서의 역할을 담당해 왔던 것이다.

국가 및 공공 기관은 공공 부문의 구조개혁 정책으로 공공 부문의 효율성과 생산성을 증대시켜, 경쟁력을 갖춘 공공 부문을 양성하려 하였다. 그런데 경쟁력을 경쟁하는 대상과의 관계에서 형성되는 '상대적인 힘'이라고 할 때, 공공 부문의 경쟁 대상을 설정하기가 쉽지 않다. 경쟁력을 객관적으로 판단하기 위해서는 동일한 재화를 생산하는 주체와 비교해야만 하는데, 자연 독점적 성격을 보유하고 있는 대부분의 공공 부문은 경쟁의 대상을 찾을 수 없기 때문이고, 만약 정부가 공공 부문의 경쟁 대상을 사적 자본으로 설정하고 있다면, 공공 부문 구조개혁 정책으로 공공성을 실현하기 위한 정부의 전략은 '자기모순'에 빠지게 되기 때문이다.

국가가 1997년 11월 22일 IMF에 구제금융을 공식적으로 신청하고 난 이후, 한국 공공 부문의 문제점들이 제기되었다. 그것은 정부가 공공 부문의 경영에 직·간접적으로 관여하여, 공공 부문의 사회적인 목표가 정치적 목표에 의해 왜곡되거나 경영의 관료화로 경사되는 경우가 많았던 것이다. 그동안 공공 부문을 형식적으로 소유하여 운영했던 주체로서 효율성과 생산성을 방기했고, 공공 부문을 직·간접적으로 관리했던 능력의 부족함을 공개하는 과정이었다.

공공적 지식 재화를 생산하고 관리하는 공공 기관도 마찬가지였다. 지식 재화에 대한 생산 지원과 관리의 가치가 연구자의 권리와 창의성에 두기보다는, 시장을 중심으로 하는 국가 정책의 기조에 두고서, 공공적 지식 재화를 생산하는 연구자들을 통제하고 관리하는 관료주의적 경향이 강화되었다.

이처럼 공공 부문의 운영과 관련된 문제점들은 지속적으로 지적되어 왔고, 그러한 문제점들을 개혁해야만 할 필요성이 제기되어 왔다. 물론 관료적인 경영 시스템은 그동안 청와대나 주무부처에서 고위급 관료들을 공공 부문의 경영자로 임명하는 '낙하산식 인사 정책'과 긴밀하게 연계되어 있다. 이러한 방식으로 임명된 경영자들이 '정공유착'을 토대로 국민들의 세금을 사적인 이해로 전용한다는 비판이 지속적으로 제기되어 왔던 것도 사실이다.

또한 공공 부문의 효율성과 생산성을 증대한다는 것은 두 가지의 전략적 목표를 내포하고 있다. 한편으로는 적자를 면하지 못하는 공공 부문을 통폐합시켜 폐지하거나 적자를 축소시키는 것이고, 다른 한편으로는 흑자를 내고 있는 공공 부문의 흑자를 더욱 확대시키거나 동일한 흑자를 내는 데 필요한 비용을 축소하는 것이다. 한국학술진흥재단과 한국과학재단이 한국연구재단이라는 하나의 기관으로 통합되었고, 이 과정에서 인문·사회과학 분야의 지식 재화가 보유하고 있는 특성과 자연과학 분야의 지식 재화가 보유하고 있는 특성이 상호 관계에서 융복합적인 시너지 효과를 불러일으키기보다, 오히려 각 학문 분야의 독자적 특성을 약화시키거나, 독립적 운영의 효과를 감소시키기도 했다.

예를 들면, 한국연구재단이 공공 기관의 효율성을 극대화하려면 투입 비용을 최소화하거나 축소하는 대신 산출 효과를 높여야 한다. 그런데 연구자들에 대한 연구지원과 그 결과를 관리하는 기관의 특성상, 경제적 산출이 단기적으로 이루어지지 않기 때문에, 투입 비용을 어떠한 방식으로 최소화하느냐는 것이 기관의 효율적 운영과 관리를 좌우한다. 일반적으로 인력에 투여되는 비용을 최소화하거나, 또한 1인당 노동생산성이 높아지지 않으면, 흑자를 확대시키기가 쉽지 않다. 인력이 축소되거나 신규 인력을 충원하지 않을 경우, 1인당 업무량이 증가되지 않을 수 없다. 이 과정에서 양질의 공공 서비스가 제공되기 힘든 상황들이 발생할 수 있다. 1인당 노동의 강도가 강화될수록 국민들에게 제공되는 공공 서비스의 질이 낮아질 수밖에 없는 것이다.

공공적 지식 재화에 대한 생산관리가 공공 권력의 관료주의적 구조에 영향을 받으면서 연구자들의 창의성을 약화시키거나, 연구기관에 근무하는 공공 노동자들의 과중한 노동으로 남게 되거나, 혹은 공공적으로 관리한다고 하면서 그 몫을 연구자 개개인의 부담으로 던져진다면, 공공적 지식 재화와 관련된 생산관리의 효율성 패러다임을 새롭게 구성할 필요가 있다.

3) 민주적 개혁의 주체이자 대상으로서의 딜레마

최근 공공 기관에 종사하는 노동자들은 노동조합을 중심으로 기관의 민주적인 개혁을 요구하고 나섰다. 공직 사회의 부정부패 청산,

관치금융의 극복, 낙하산 인사 저지, 공공 기관 운영과 관련된 공익적 주체들의 참여 제도 정착 등이 그것이다. 하지만 노동조합의 요구 사항이 존재한다고 해서 바로 실현되는 것도 아니고, 법 · 제도적인 장치가 마련된다고 해서 바로 집행되는 것도 아니다. 법 · 제도적인 개혁은 국회를 대상으로 하는 투쟁을 전개하지 않으면 안 되고, 법 · 제도가 마련되고 난 이후에는 공공 기관에서 실질적으로 집행해야만 가능하다. 기존의 권위주의적 공공 부문의 정책 네트워크에 포섭된 수혜자들이 공공 부문의 민주적인 개혁을 저지하는 힘을 보유하고 있는 한, 공공 부문의 민주적인 개혁은 쉽게 이루어지지 않는다.

공공 기관은 정부의 정책 네트워크로서의 역할을 담당한다. 고흐 (Gough, I)는 자본주의가 발전함에 따라 정부의 사회적인 비용과 역할이 증가해야만 하는 이유를 다음과 같이 규정한다. "① 사회적 서비스를 공급하는 비용의 증가, ② 국가에 의존해야만 하는 인구의 증가, ③ 생산력의 발전에 따른 양질의 서비스 재화의 증가, ④ 실업이나 빈곤에 따른 사회적 필요성의 증가"[2] 등이다. 국가는 이러한 역할을 담당할 수 있는 네트워크를 형성한다. 공공 기관이 그것이다. 국가는 예산 및 관계 법령을 근거로 공공 부문을 직 · 간접적으로 관리하거나 직접 노동자들을 고용하여 국민들에게 공공 재화를 공급하고, 공공 기관 노동자들도 국민들에게 봉사한다는 공복 의식을 형성 · 유지하면서 정부의 정책을 집행해 왔다.

국가의 정책 네트워크뿐만 아니라 공공 기관의 관리 인력을 구조

---

2   Gough, I. *The Political Economy of the Welfare State*, Basingstoke: Macmillan, 1979.

지식의 공공성 딜레마

적으로 개혁하지 않으면 안 되는 이유이다. 공공 기관의 민주적인 개혁은 정책 네트워크의 구조적인 문제점들을 변화시키는 과정이다. 한편으로는 국정지표에 걸맞은 정책을 수립하고 집행할 수 있는 관료를 형성하는 과정이지만, 다른 한편으로는 노동자 · 민중들의 이해에 조응하는 공공 정책을 집행할 수 있는 정부를 수립하는 과정인 것이다. 1987년 이후 정부가 바뀔 때마다 나타나는 현상이지만, 요란하게 시작했던 개혁이 슬그머니 꼬리를 감추는 개혁으로 점철되곤 했다. 개혁을 둘러싼 '역관계'에서 개혁적 주체들이 형성되지 못한 것이다.

따라서 공공 기관 노동자들은 민주적인 개혁의 주체이자 개혁의 대상이 될 수밖에 없다. 공공 기관 노동자들은 그동안 공공 기관의 '관료주의적이고 폐쇄적인 경영, 정부 예산 타내기식 경영'의 수혜자이자 피해자들이었기 때문이다. 아직도 민주적인 개혁을 추진하고자 하는 세력과 그것을 저지하고자 하는 세력이 공공 기관의 운영 주체로 동시에 존재하고 있는 것이고, 그런 기관에 대한 국민적 평가를 저지하면서, 구조적 개혁의 딜레마를 지속시킨다.

물론 공공 기관 노동자들은 기관을 민주적으로 개혁하고자 하는 마음에서 정부의 주무부처에게 자율 · 책임경영을 요구한다. 공공 기관의 자율 · 책임경영 역시 딜레마의 상황에 빠질 수 있다. 국가의 주무부처는 공공 부문의 도덕적 해이(무사안일, 부정부패 등)의 문제 및 경영혁신의 과제들을 제기하면서 공공 기관에 대한 관리와 평가를 강화시켰고, 공공 기관은 그곳에서 근무하는 공공 기관 노동자들과 공공 기관의 실질적 수혜자들인 국민에게 그 과제의 책임들을 전가시키고 있다.

공공 기관이 정부의 주무부처로부터 자율·책임경영이라는 시스템을 확보한다고 해서, 공공 기관에 대한 국민들의 평가까지 배제할 수 있는 것은 아니다. 정부든 공공 부문이든 국민들로부터 평가를 받지 않으면 안 되기 때문이다. 물론 공공 부문 노동자들은 자율·책임경영을 요구함과 동시에 국민들의 평가를 배제하려 하지 않지만, 국민이 평가하는 방식과 내용을 둘러싸고서 국민과 노동조합 간의 갈등도 발생할 수 있다. 양질의 공공 서비스를 원하는 국민과 주어진 정부 예산으로 운용해야만 하는 기관 간에 평가목적, 평가기준, 평가방식 등의 차이가 존재하기 때문이다.

국가는 주기적으로 시행되는 선거를 통해, 공공 부문은 각종의 평가 시스템을 통해 평가되고 있지만, 적지 않은 한계들을 내포하고 있다. 국가의 관료들이나 공공 기관의 관료들을 실질적으로 관리하고 통제할 수 있는 시스템이 전혀 마련되어 있지 않다. 단지 평가위원회나 이사회에 몇몇의 인사들을 배치하여 시행하는 관료주의적 방식의 평가만이 존재한다고 할 수 있고, 추천되는 몇몇의 인사들조차 평가의 능력을 보유하고 있는가에 대해 의문을 품지 않으면 안 되는 상황들이 발생되곤 한다. 따라서 정부 및 공공 기관의 민주적인 개혁을 위해서는 그 기관들에 대한 통제 권한을 공공 기관의 노동조합과 국민들에게 부여해야 한다. 물론 민주적인 개혁의 대상인 노동조합에게까지 통제 권한을 부여하자는 것이 아니라, 통제 권한을 공공 기관의 민주적인 개혁에 사용할 수 있는 주체이어야 한다.

지식의 공공성 딜레마

4 공공적 지식 재화의 사회화 전략

1) 공공적 지식 재화의 사회적 생산연대

공공 서비스 재화를 소유하고 생산하는 주체가 국가만을 중심으로 하는 것이 아니라 사회적으로 소유하고 생산해야만 할 필요가 있다. 공공 기관에 대한 소유의 문제와 관련되어서는 국공유기업, 협동조합적 소유, 노동자의 직접적 소유, 국민기업 등이 고려될 수 있고, 또한 이러한 대안은 기본적으로 국가적 소유와 사회적 소유의 유기적인 결합과 상호 간의 제안과 협의를 전제로 하기 때문이다.

다음의 [그림 2]는 공공적 지식 재화의 생산이 탈국가적인 주체와 국가적 주체들의 네트워크, 즉 사회화된 주체의 네트워크를 중심으로 구축되어야 한다는 것인데, 이러한 패러다임을 도식화한 것이다.

앞에서 지적하였듯이, 한국의 공공 서비스 정책은 국가 중심의 결정 체계 및 집행 체계로 수립되어 왔으며, 이 과정에서 소위 전문가들과 관료들 간의 암묵적 협조와 동의가 정책 결정의 실질적인 동력으로 작용하였다. 이 패러다임은 공공 서비스 재화를 생산하는 공공 정책의 주체를 국가 기구, 노동자 기구, 소비자 기구로 연합하자는 것이다.

공공적 지식 재화의 사회화는 공공성을 유지할 수 있는 몇 가지의 원칙을 재구성하면서 모색되어야 한다. 첫째, 공공적 지식 재화의 소유와 생산이 탈국가적인 사회적 주체로 전화되어야 한다. 둘째, 공공적 지식 재화 정책을 생산하고 관리하는 주체가 관료 중심의 국가를

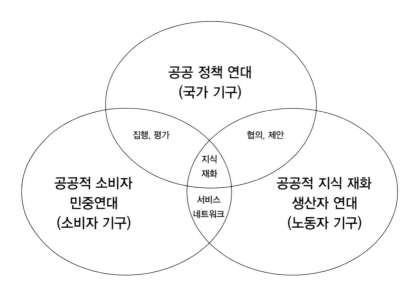

〔그림 2〕 공공적 지식 재화를 생산하기 위한 정책적 사회화 패러다임

넘어서야 한다. 셋째, 공공적 지식 재화 정책의 생산과정에 생산자들의 참여가 보장되어야 한다. 넷째, 공공적 지식 재화 정책의 생산과정에 대해, 참여 주체들이 상호 유기적인 소통 관계를 바탕으로 생산 네트워크를 구축할 수 있어야 한다. 다섯째, 공공적 지식 재화 정책의 생산 주체들이 정책에 대한 상시적 통제와 평가의 네트워크를 형성해야 한다.

소유의 논리를 근거로 해서 본다 하더라도, 정부 및 공공 기관의 실질적인 소유자는 국민들이다. 국가를 중심으로 하는 소수 관료들과 전문가들에 의해 결정되는 구조 자체가 모순적인 것이다. 물론 소수 관료들과 전문가들은 법률과 법령의 근거를 내세우면서 공공적

지식의 공공성 딜레마

지식 재화와 관련된 정책 결정의 정당성을 내세우지만, 법률과 법령이 권리 주체들의 기본적 권리를 침해하거나 박탈하면서까지 정책 결정의 정당성을 보장하고 있는 것은 아니다.

협동조합적 소유구조를 바탕으로 공공 서비스 재화가 생산된다면, 소유의 주체를 사회적 차원의 주체로 확장시키고, 그 주체들 간의 상호 유기적 정책 생산의 다양한 메커니즘, 즉 공공 서비스 정책의 협의 및 제안, 공공 서비스 네트워크의 구축, 그리고 공공 서비스 정책에 대한 집행 및 평가라는 상호 소통과 통제(견제)의 구조를 형성하여, 공공 서비스 재화의 질적 수준을 향상시킬 수 있을 것이다.

이를 위해서는 그동안 공공 부문의 경영혁신을 손쉽게 추진하지 못한 원인들을 제거하면 될 것이다. 공공 부문의 경영혁신을 저해했던 원인은 다양하다. 첫째, 공공 부문의 경영 자율성이 보장되지 못하였다. 국가는 예산 분배의 권한을 무기로 공공 부문에 대해 획일적으로 통제하거나 관리하였으며, 이 과정에서 오히려 공공 부문의 생산성을 하락시켰다. 둘째, 공정유착과 낙하산식 인사로 공공 부문의 관료화가 구축되었다. 이러한 문제들은 오히려 공공 부문과 정치권력 간의 상호 유착에서 비롯되는 '정치적 공공성'을 극복하는 과정에서 해결될 수 있다. 셋째, 공공 부문 노동자들은 공공 부문의 실질적인 소유자로서 공공 재화를 생산해 왔음에도 불구하고, 공공 부문의 경영에 대한 실질적인 통제권이 부여되지 않았다. 넷째, 공공 부문에 경영에 대한 소유자들의 감시, 감독이 이루어지지 못했다. 즉 공공 부문에 대한 국민들의 통제와 감시가 제도화되어야 하고, 이를 위해서는 먼저 공공 부문의 경영에 대한 공공 부문 노동조합의 통제와 감시가 이루어져야 한다.

2) 다층적 공공 운영 패러다임과 지식 재화

공공 부문의 생산수단은 사적으로 점유되지 않은 한, 사회적 생산력을 발전시키는 주요한 사회적 인프라(social infra-structure) 구조이다. 지식 재화도 사회적 인프라의 인프라로 존재한다. 사회적 생산과 사회적 소비의 유기적 관계를 구축하는 과정이자 공공 재화를 평등하게 소비할 수 있는 사회 체계를 구축하는 과정이다. 문제는 '분배 효율성', 즉 사회 구성원 모두에게 공공 재화의 소비 혜택을 누릴 수 있는 공급 체계가 효율적으로 구축되었는가 하는 점과 공공 재화의 생산·소비 과정에서 발생하는 잉여가치를 누가 소유하는가라는 점이다.

공공 부문 노동운동 내부에는 공공 부문 구조조정 및 민영화와 관련된 정부의 논리를 따르거나 혹은 양비론적 시각에서 정부의 논리를 제한적으로 수용하는 경향성이 지속적으로 제시되기도 했었다. 홍주환·김영두의 '공공 부문의 구조조정에 대한 국민적 합의에 근거한 제한적 구조조정론', 김대환의 '합의에 의한 공기업 민영화론과 공기업 개혁론', 김윤자의 '기업의 민영화에 대해서는 반대하지만 공기업 내부의 민주적 운영이 필요하다는 공공 참여적 책임경영 체제론' 등이다. 이러한 논의들의 핵심 내용은 다음과 같다. 시장경제로 전환하는 것 자체를 신자유주의 구조조정 정책이라고 비판하고 이를 전면 거부하는 것은 과거의 박정희식 개발 모델로 돌아가자는 주

지식의 공공성 딜레마

장과 구별되지 않는다. 한국의 공기업들은 효율성을 추진하지 못하였으며, 권위주의적 관치경영의 틀을 유지하면서 관료자본주의의 토대로 작용하였기 때문에, 공공 부문의 구조조정은 관료자본주의의 해체라는 측면에서 부분적으로 긍정성을 가지고 있다. 노동운동이 비판해야 할 사항은 구조조정이 일방적이고 획일적으로 진행된 점과 인력감축 위주로 진행된 점이지, 시장경제로의 구조조정 정책 자체를 반대하는 것은 대안 없는 투쟁에 그칠 수 있는 것이다.

권위주의 정권하에서 운영되었던 한국의 공공 기관은 정경유착의 매개고리를 제공하는 운영, 관료주의적이고 권위주의적인 운영, 독점적 규격가격제도에 의한 배분의 비효율성, 방만하고 무사안일적인 운영 등의 문제들을 보유하고 있어서, 운영과 관리에 대한 다양한 방안들이 제시되었다. 공공 참여적 대안을 중심으로 방만하고 비민주적인 공기업의 개혁을 위한 노동조합운동의 필요성, 공공 부문과 정치 세력 간의 공정유착, 공공 부문의 관료주의 및 낙하산 인사의 문제 등 한국 공공 부문의 전근대적인 측면을 근대적이고 합리적인 전략으로 재구성해야 한다는 전략이었다.

이러한 대안들은 공공 부문의 운영구조에 대한 개입을 통해 공공 기관을 개혁적으로 운영하자는 패러다임이다. 공공참여적 대안 및 개혁적 패러다임들은 주로 공공 부문의 이사회에 노동조합의 대표나 NGO의 대표 혹은 전문가들의 이사회 참여 방식으로 귀결되었다. 소위 소수의 전문가들이 공공 부문의 이사회나 운영구조에 참여하는 수준의 '참여 합의적' 대안으로, 혹은 공공 부문의 신자유주의적 민영화와 구조조정을 '제한적 구조조정론이나 민주적 구조조정

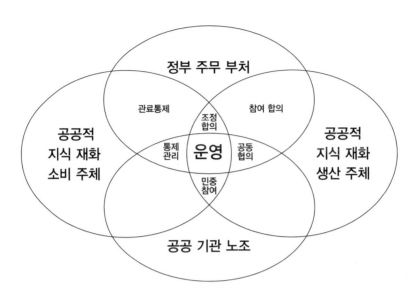

〔그림 3〕 다층적 사회화 운영 패러다임

론'으로 대체되었다. 이러한 대안은 공공 기관 내부의 개혁을 추동하는 힘으로 작용하였지만, 공공 기관의 권위주의적 운영구조는 쉽게 변하지 못했다. '공공 참여적 대안'의 한계이기도 하지만, 1948년 이후, 아니 일제강점기부터 구축되어 온 권위주의적 관료제의 한계이기도 했다. 그리고 신자유주의 행정 패러다임 내에서, 효율성만을 추구하는 국가 중심의 공공 부문 관리운영의 결과이자 관리운영주체들 간의 소통 네트워크의 부재에서 비롯된 결과라 할 수 있었다.

이러한 문제점들에 대해서는 공공 정책에 대한 관리운영의 대안적 패러다임으로 해결해야만 할 과제들이다. 위의 [그림 3]은 공공적 지식 재화에 대한 사회적 운영·관리 정책의 대안적 패러다임을 다층

지식의 공공성 딜레마

적 공공 운영의 전략으로 모색한 것이다. 이 패러다임의 전략적 기조는 관리 운영의 다층적이고 복합적인 시스템을 정착시키되, 운영하는 과정에서는 유기적인 관계들을 현실화시키는 것이다.

공공적 지식 재화의 관리 및 공공 기관의 운영에 참여하는 주체로, 공공적 지식 재화의 생산 주체, 공공 기관 노동조합, 정부 주무부처, 그리고 공공적 지식 재화의 소비 주체까지 포함시킨 것이다. 관리 운영의 다층적 시스템을 구축하기 위한 주체를 형성한 것이다. 이유는 민주적 의사결정을 최대화하자는 것이다.

일반적으로 모든 산업의 효율성과 경쟁력은 민주적인 의사결정이 이루어지는 과정과 결정된 사항이 책임 있게 집행되는 과정에서 강화되고, 또한 주체들의 참여 과정에서 형성·강화되는 실질적인 집행력과 연계되어 있다. 즉 소유 체계를 변화시키지 않은 상태에서도 공공적 지식 재화의 민주적 운영의 역량을 향상시키고, 이를 토대로 사회적 운영과 관리에 필요한 다양한 주체와, 그러한 주체들의 능력을 발전시키는 것이다.

3) 유기적 재생산 네트워크 패러다임과 지식 재화

공공 재화 및 지식 재화의 사회적 재생산 메커니즘은 사회 체제를 유지하고 발전시키는 선순환 구조에서 매우 중요한 접합제이다. 사회 구성원들의 삶을 고통으로 몰고 가는 경우, 어떤 사회 체제이든 지속되기 어렵지만, 그렇지 않은 경우에는, 사회 구성원들이 자신의 사회 체제를 발전시키는 주체로 변화된다. 사회 구성원들 스스로 양질의 공공적 지식 재화를 생산하고 또 재생산하는 사회적 기반으로 작용할 수 있기 때문이다.

개인적인 경험들 사이의 소통이 확대되어 사회화되는 과정은 단순하지 않기 때문에, 보다 체계적으로 정리할 필요가 있고, 또한 경험적인 앎도 하나의 지식이며, 경험을 나누는 과정도 지식을 분배하고 공유하는 과정임을 전제로 할 때, 경험적인 앎은 또 다른 공유 과정을 거쳐, 새로운 형식의 지식으로 형성되고, 이를 체득한 주체는 또다른 경험의 토대로 삼는다. 지식은 사회화-표출화-연결화-내면화라는 네 가지의 변환 과정을 통해, 원래 개인이 가지고 있었던 경험적이고 암묵적인 지식을 집단이나 조직이 공유하고 연결하여 그 폭을 넓힐 수 있고, 단순 재생산되는 것이 아니라, 새로운 차원에서 창조적 도약을 이룰 수 있게 되는 것이다.

이처럼 창조적인 주체들이 새롭게 형성되는 것은 곧 공공 재화 및 공공적 지식 재화를 사회적으로 재생산하는 문제와 긴밀하게 연계되어 있다. 공공 재화 및 공공적 지식 재화는 국가 및 사회의 보편적 가치를 투영한 상태에서 생산·유통되고, 그 가치에 대한 정체성을 강화시키는 과정이 곧 사회적 재생산의 선순환 구조를 전제로 하기 때문이다. 만약 공공 재화 및 공공적 지식 재화의 생산-유통-소비-재생산이라는 구조가 원활하게 작동하지 못한다면, 사회 체제의 공공성은 허구일 수 있고, 또한 사회적 생산과 사회적 소비의 유기적 관계도 존재할 수 없다.

공공 재화 및 공공적 지식 재화의 소비가 무료로 이루어지는 것이 아니라, 생산자의 권리를 보장함과 동시에 재화의 사회적 가치를 또

지식의 공공성 딜레마

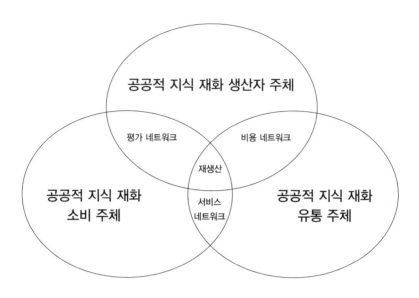

〔그림 4〕 네트워크형 공공 재화 재생산 패러다임

다시 생산할 수 있는 수준을 설정하고, 그 수준에 적정한 사회적 비용을 산출하여 유상으로 공급하고, 그 과정에서 구축되는 사회적 예산으로 소비 주체들에게 양질의 서비스를 제공하는 수단으로 삼아, 사회적 재화가 지속적으로 생산될 수 있도록 하는 것이다. 이를 위해서는 공공 재화 및 공공적 지식 재화를 생산하는 주체와 소비하는 주체 간에 재화의 양질에 대한 평가를 지속해야만 한다.

　위의 [그림 4]는 공공 재화 및 공공적 지식 재화 재생산 정책이 권리 주체들과 유기적으로 밀착된 상태에서 생산·운영되고, 그것을 바탕으로 재화의 형식과 내용을 새롭게 재구성할 수 있는 대안적 패러다임이다. 이것은 소위 '네트워크형 재생산 패러다임'이다.

공공 재화의 생산 기관과 유통 기관은 상호 간에 공공 재화를 소비자들에게 공급하기까지 소요되는 비용과 그것의 재생산에 필요한 비용의 규모를 위해, 상호 비용 네트워크를 지속시킬 필요가 있다. 또한 공공 재화의 소비 기관과 유통 기관은 공공 재화를 유통시키고 소비하는 과정에서 필요로 하는 다양한 서비스를 공급하고 계발할 필요가 있다. 그것의 주요 메커니즘은 공공 재화 서비스 네트워크일 것이다. 공공 재화 생산 기관과 소비 기관은 공공 재화에 대한 총체적인 평가 네트워크를 통해, 공공 재화의 양이나 질, 생산과 유통 및 재생산에 필요한 비용 등을 총체적으로 평가할 수 있어야 한다.

계급적 주체로서의 개인 및 집단의 기본적인 권리가 인정되는 과정에서 형성된다는 의미이다. 공공적 지식 재화의 사회적 균등 분배 및 공공적 서비스 재화의 소비 주체에 대한 공공적 책임을 구성하고 있는 대표적인 것이기 때문이다. 또한 사회 구성원들에게는 값이 싸고 질이 좋은 공공 재화를 동등하게 공급하고, 공공 부문 노동자들에게는 보다 안정적인 노동 조건을 유지하면서 공공 서비스 재화를 생산하고 관리 · 운영할 수 있어야만 한다.

공공 재화를 매개로 이윤을 창출하는 것도 적지 않은 문제점들, 특히 공공 부문에 발생된 이윤이 사회 구성원의 삶의 질을 개선하는 비용으로 재투자되기보다, 공공 부문과 정치 세력 간의 '정공유착'을 유인하는 매개체로 존재했었다. 많은 논자들은 유럽에서 구조화되었던 공공 부문의 '정치적 공공성'을 '정공유착'의 현상으로 비판했었다. 그래서 공공 재화의 이윤은 최소한 '공공 재화의 형평성'이라는 특성을 내포하고 있는 '분배 효율성'의 달성 여부, 즉 공공 재화가 동등한 조건으로 사회 구성원 모두에게 공급되는 사회적 체계의 구축 여부와 긴밀한 관계를 맺어야만 한다.

문제는 공공 재화의 생산 및 운영만이 아니라 소비와 재생산의 과정에서도 그러한 재화의 '공공적 효과성'을 극대화할 수 있어야 한다는 점이다. 공공적 효과 체계란 최소한의 재정으로 공공 재화의 생태계, 즉 공공 재화의 생산-유통-소비-재생산의 순환이 잘 이루어지도록 하기 위한 체계를 의미한다. '공공적 효과성'의 정도는 공공 정책과 생활 현장의 밀착도에 따라 좌우될 수 있다.

이러한 재생산 패러다임은 탈국가적인 생산 패러다임 및 운영 패러다임과 유기적 관계를 형성하지 않으면 현실화되기 어렵기 때문에, 공공 재화를 생산하는 공공 기관의 노동자들이 개인적이거나 국가적인 이해의 수준을 넘어서서 사회 구성원의 대부분을 차지하고 있는 노동자·민중의 이해를 추구하는 활동으로 인식하고 실천해야 한다는 점을 전제로 한다.

5 맺음말

소위 '87년 체제'는 국가 및 공공 기관의 변화를 이끌어내는 역사적 분기점이라고 한다. 권위주의 체제가 종식되고, 형식적 민주주의가 제도화된 상태에서, 민주주의의 정치적 후퇴를 허용하지 않는 체제가 1987년 6월 민주대항쟁과 7-9월 노동자대투쟁으로 구축된 것이 87년 체제이다. 자유민주주의 통치의 근간으로서, 국가 의사를 최종적으로 결정할 수 있는 최고 권력의 당사자가 국민임을 의미하는 체제가 만들어진 것이다. 그래서 국가 및 공공 기관은 사회 구성원에게 공공 정책과 관련된 참여와 심의를 보장하고, 더 나아가 평가와 통제의 구조를 마련하지 않으면 안 되는 '아래로부터의 힘'을 인정했고, 동시에 그 힘을 제약하고, 구체제의 붕괴가 아니라 타협적 재편으로 귀결되도록 하는 공공적 힘을 확보하려 하였다.

그래서 87년 체제는 헌법에서 지향하는 가치 중에 하나인 학문 연구의 자율성을 보장하였다. 학문 연구의 대상, 방식, 그 결과의 가치 등을 자유롭게 보장하고, 공개 여부도 연구자의 자율성을 보장하는 차원에서 이루어졌다. 공공적 지식 재화의 생산-관리-유통-재생산 구조도 국가 및 공공 기관의 권력이 민주적인가 여부를 결정하는 주요 요소인 것이다.

그런데 한국연구재단이 공공 비용을 지원해서 생산된 학술 연구논문에 한하여, 국가적 차원의 무료 공개를 강제하려 하는데, 이는 헌법 가치를 훼손하는 것이다. 국가나 공공 기관은 헌법 가치가 실현될 수 있는 사회적 조건을 구축하는 데서 자신의 역할과 기능을 찾아야 한다.

다양한 공공적 지식 재화들은 연구노동으로 생산되지만, 유통과 소비는 다양한 방식으로 이루어지고 있다. 연구자가 개인 자격으로든 학회의 일원으로든, 국가 및 공공 기관이나 혹은 공공적 위탁유통 기관이 상업적 유통기관에게 공급하고, (준)공공적 지식 재화를 소비하려는 주체들은 그러한 기관으로부터 무상으로 공급받거나, 일정한 비용을 지불하면서 매입한다. 그래서 최근 한국연구재단과 DB 산업

지식의 공공성 딜레마

간에 많은 논쟁이 이루어지고 있다. 한국연구재단은 공공적 생산비용을 지원받은 학술 연구논문을 무상으로 공개해야 한다는 OA 정책을 강조하는 반면, DB 산업은 해외 DB 산업들과 경쟁할 수 있는 힘을 구축하기 위해서라도, 공공 기관이 학술 연구논문을 무상으로 공개해서는 안 된다고 하였다. 주요한 이유를 간단하게 정리하면, 한국연구재단은 국민의 세금으로 생산된 학술 연구논문을 다시 유상으로 소비하게 하는 것은 국민에게 이중부담을 준다는 것이고, DB산업은 학술 연구논문을 생산한 연구자들의 권리를 침해하면서까지 무상으로 공급할 경우, 국가 및 공공 기관이 한국 DB 산업의 생존 능력뿐만 아니라 해외 DB 산업과 경쟁할 힘을 빼앗아 간다는 것이다. 그런데 이러한 논쟁은 학술 연구논문을 비롯한 공공적 지식 재화의 생산자들과 공공적 생산비용을 제공한 사회 구성원들의 주체적이고 참여적인 권리가 배제된 상태에서 이루어지고 있다. 공공적 지식 재화의 실질적 소유권이 사회 구성원과 연구자에게 있기 때문에, 국가와 공공 기관, 그리고 한국 DB 산업은 소유권을 보유한 사람들의 주체적인 참여를 모색해야 하는데, 그 방안이 곧 공공적 지식 재화의 사회화 전략이다.

학술 연구논문(지식 재화)에 대한 사회적 관리는 정부나 공공 기관이 배제된 상태에서 혹은 지극히 제한적인 참여 방식으로 이루어져야 한다. 사회적 합의기구가 구성되고, 그 기구가 자율적이고 독립적인 권한을 확보한 상태에서 학술 연구논문(지식 재화)을 관리하는 시스템이 헌법 가치를 실현하는 것이자, 세금을 보다 덜 잘 쓰는 경우에 해당한다. 이런 주장을 할 때마다, 국가나 공공 기관은 사회적 기구들을 어떻게 신뢰하는가, 혹은 그런 능력을 가지고 있는가라는 의심의 '눈초리'로 바라볼 것이다. 역으로, 국가나 공공 기관이 관료적이고 권위적인 공공 정책의 패러다임을 고수할 경우, 국민들은 국가나 공공 기관에게 그런 의심의 '눈초리'를 보내지 않을 수 없다.

정보산업사회의 대표적인 특성은 다중지성의 사회라는 점이다. 지식을 보유하고 활용하는 주체가 소위 엘리트로 한정되는 것이 아니라, 누구나 사회적으로 존재하는 다양한 지식 재화들을 활용하여, 또다른 지식 재화를 창조하는 사회인 것이다. 또한 소수만이 지식을 독과점하는 것이 아니라, 누구든지 지식의 주체이자 지혜의 샘을 구축할 수 있는 것이다. 이를 위해서는 공공적 국가권력이나 사적 자본권력이 공공적 지식 재화에 대한 관리를 독과점화하지 않아야 한다.

따라서 공공적 지식 재화가 개인적 가치와 사회적 가치를 동시에 보유하고 있는 만큼, 공공성을 극대화할 필요가 있는데, 그것은 국가나 공공 기관이 공공적 지식 재화를 관리하고 유통한다고 해서 이루어지는 것이 아니라, 공공적 지식 재화를 생산하고 유통시키면서, 소비와 재생산의 문제까지 사회화하는 과정에서 현실화될 것이다.

지식의 공공성 딜레마

참고문헌

제1장 학문의 위기와 한국연구재단의 학문 관리

강명관, 「다시 대학의 인문학을 생각한다: 공장의 침묵」, 『코기토』 제62호, 부산대학교
    인문학연구소, 2007.

고부응, 「한국연구재단의 학문 관리와 학문의 몰락」, 『문화과학』 69호, 문화과학사,
    2012.

문강주, 「한국연구재단법: 전문성·국가경쟁력 강화의 주역 기대」, 『國會報』, 대한민국
    국회, 2009.

배성인, 「교육: 교육문제의 핵심, 한국의 대학」, 『사회문제를 보는 새로운 눈』, 선인,
    2013.

이명원, 「진보적 학술운동의 비판적 성찰과 전망」, 『새로운 진보학술운동의 모색』, 한
    국사회포럼 2008, 학술단체협의회, 2008.

조관희, 「'인문학 위기' 담론에 대한 비판적 고찰1」, 『중국어문학논집』 제48호, 중국어
    문학연구회, 2008.

제2장 대학의 시장화와 한국연구재단 학술 지원 사업: 비판과 과제

김원, 「1987년 이후 진보적 지식생산의 변화」, 『경제와사회』, 제77호, 비판사회학회/한울, 2008.

김필동, 「전환기 한국 지식정책의 현주소: '신지식인론과 BK21사업'을 중심으로」, 『경제와 사회』, 제46권. 비판사회학회, 2000.

배성인, 「교육: 교육문제의 핵심, 한국의 대학」, 『사회문제를 보는 새로운 눈』, 선인, 2013.

서울대학교 교육연구소, 『교육학용어사전』, 하우동설, 1995.

신희영, 「한국연구재단의 지원 사업의 문제점과 개선방안에 대한 제언」, 『경제와사회』, 제103호, 비판사회학회/한울.

이명원, 「진보적 학술운동의 비판적 성찰과 전망」, 『새로운 진보학술운동의 모색』, 한국사회포럼 2008, 학술단체협의회, 2008.

이태동, 「학술연구지원기관의 조직 설계 방향 및 조직모형」, 『학술정책』 제2호, 2008.

장세훈, 「학술정책과 연구-교육체제의 변동: '두뇌 한국(BK)21사업'을 중심으로」, 『한국사회학』 제36집(2호), 한국사회학회, 2002.

한국학술진흥재단 편, 『한국학술진흥재단 10년사』, 『뉴스1』(2014. 12. 18. http://news1.kr/articles/?2007611), 1991.

3장 학술 연구논문 오픈액세스(OA) 제도와 공공성

공공 부문과 대안연구모임(준), 『국가기간산업 사유화의 문제점과 공공적 발전 방안』, 2002. 4.

김규환, 「국내 학회의 OA수용과 추진 방식에 대한 제안」, 정보관리학회지, 31권 3호, 2014.

김성구 편, 『사회화와 공공 부문의 정치경제학』, 문화과학사, 2003.

김세균, 「공공 부문 구조조정과 노동운동의 과제」, 한국노동이론정책연구소, 『현장에서 미래를』, 2000년 4월호.

김소형, 「한국연구재단 오픈 액세스 현황 및 추진 계획」, 2012.

김혜선, 「국내의 오픈 액세스 추진성과와 향후 과제: OAK사업을 중심으로」, 2012.

누리미디어, 「학술논문 공개(OA)정책과 한국 지식산업의 미래」, 2013.

민주노총, 「사회공공성 영역이란」, 『2003년 사업계획서』, 2003.

박태주, 「공공 부문 노동조합의 현안 및 대응방향」, 공공 부문 노동조합 대표자회의 · 노동조합기업경영분석연구상담소, 『공공 부문 노동조합운동의 방향 모색을 위한 대 토론회 자료집』, 1995. 1.

사회진보연대, 「공공성 구축과 확장을 위한 투쟁의 의의」, 2001. 10.

손호철, 『전환기의 한국정치』, 창작과비평사, 1993.

송유나, 「공공성 확장 · 강화투쟁의 의미와 과제」, 『공공연맹』, 제31호, 2003. 2.

신광영, 「노동운동과 공공성」, 『문화과학』, 제23호, 문화과학사, 2002.

연대와 성찰: 사회포럼 2002 조직위원회, 『신자유주의와 공공성 담론』, 2002.

오건호, 「공공 부문 노동운동의 새로운 화두, 공공성」, 『공공연맹』, 제32호, 2003. 5.

오건호, 「공기업 민영화 반대운동의 평가와 과제, 민영화 의제에서 공공성 의제로」, 민주노동당, 「교육, 의료, 공기업, 재정(공공 부문) 정책대안 마련을 위한 공개 토론회」, 2001. 2.

오건호, 「사회공공성의 위기, 국가기간산업 민영화의 함정」, 대안연대회의, 『신자유주의 세계화, 사회의 실종, 그리고 공공성의 위기』, 2002. 3.

오건호, 「신자유주의 시대, 공공성 투쟁의 내용과 과제」, 2003. 3.

우지숙, 「저자는 어디에 있는가」, 『언론과 사회』, 제16권 3호, 2008년 가을호.

우지숙, 「학자는 무엇으로 사는가」, 『한국방송학보』, 23-3, 2009.

원형연 외, 「국내 전자저널 KISS와 DBPIA 비교분석: 3개 대학도서관의 이용통계를 중심으로」, 2013.

임석종, 「국내 학술정보의 오픈 액세스 운동」, 2010.

임성규, 「사회공공성 강화투쟁, 어떻게 할 것인가」, 『공공연맹』, 제34호, 2003. 10.

임혁백, 『시장 · 국가 · 민주주의』, 나남, 2000.

전국금융노동조합연맹 · 전국전문기술노동조합연맹, 「공공 부문의 노사관계: 외국사례」, 『공공 부문 노사관계 재정립을 위한 토론회 자료집』, 1993. 1.

정경희, 「공공기금으로 작성된 논문의 오픈 액세스 정책에 관한 연구」, 정보관리학회지, 제27권 제1호, 2010.

정경희, 「국내 학술지 웹DB 구독료 현황과 오픈 액세스에 대한 사서의 인식」, 2008.

정원호, 「공공 부문 노사관계의 정립방향」, 전국금융노동조합연맹 · 전국전문기술노동
조합연맹, 『공공 부문 노사관계 재정립을 위한 토론회 자료집』, 1993. 1.

홍재현, 「국내 학술지 논문의 오픈 액세스와 아카이빙을 위한 저작권 귀속 연구」, 2008.

황하일, 「공공성투쟁이란 무엇인가」, 『공공연맹』, 제33호, 2003. 7.

A. Ferner, Government, Managers and Industrials, 한국노동이론정책연구소, 『공공 부
문 노사관계: 유럽을 중심으로』, 세미나 자료집, 1988.

Alen Pratt, *Neo-Liberalism and Social Policy*, Edited by Michael Lavalette and Alan Pratt,
"Social Policy: a Conceptual and Theoretical Introduction"(2nd edition), SAGE
Publications(London: Thousand OAks, New Delhi), 2001.

Bob Jessop, *State Theory*, The Pennsylvania State University Press, University Park,
Pennsylvania, 1990.

Denhardt, R. & Denhardt, J., 'The New public Service: Serving Rather than Steering',
Comparing Perspectives, 2000(PAR, V.60.).

Gough, I. *The Political Economy of the Welfare State*, Basingstoke: Macmillan, 1979.

Tibor Machan, *Private Rights and Public Illusions*, Transaction Publishers, New
Brunswick(U.S.A.) and London(U.K.), 1995.

제4장 학술논문과 저작권

김규환, 「국내 학회의 오픈액세스 수용과 추진방식에 대한 제안」, 『정보관리학회지』 제
31권 제3호, 한국정보관리학회, 2014.

박성호, 『저작권법』, 박영사, 2014.

서태설, 허선, 노경란, 「학술논문 오픈액세스를 위한 공공접근정책 방향」, 『KISTI 지식
리포트』 제4호, 한국과학기술정보연구원, 2009.

손천익, 「대학부설연구소 학술지의 오픈액세스를 제언」, 『한국정보관리학회 학술대회

논문집』, 한국정보관리학회, 2014.

신은자, 「오픈액세스 확산을 위한 APC 지원 정책에 관한 연구」, 『정보관리학회지』 제 31권 제3호, 한국정보관리학회, 2014.

우지숙, 「저자는 어디에 있는가?-국내 학술논문의 저작권 논의에 대한 비판적 고찰」, 『언론과 사회』 제16권 제3호, 성곡언론문화재단, 2008.

윤종수, 「학술저작물의 저작권과 오픈 액세스」, 『한국도서관·정보학회 2009년 하계 학술발표대회 논문집』, 한국도서관·정보학회, 2009.

윤희윤, 이재민, 「국내 학회지 논문의 저작권 귀속현황과 개선방안」, 『정보관리연구』 제17권 제1호, 한국과학기술정보연구원, 2006.

이대희, 『학술정보 원문 전자파일 저작권 및 행정절차에서의 활용 방안에 관한 연구 보고서』, 성균관대학교, 2006.

임원선, 『저작권법』, 한국저작권위원회, 2014.

정경희, 「공공기금으로 작성된 논문의 오픈액세스 정책에 관한 연구」, 『정보관리학회지』 제27권 제1호, 한국정보관리학회, 2010.

정경희, 「국내 오픈액세스 학술지 특성에 관한 연구 : KCI 등재지를 중심으로」, 『한국 비블리아』 제22권 제3호, 한국비블리아학회, 2011.

정경희, 「비영리 학술저작물의 저작권 정책과 오픈액세스에 관한 연구」, 『정보관리학회지』 제24권 제4호, 한국정보관리학회, 2007.

정경희, 「오픈액세스 수입원 분석을 통한 국내 학술지의 성향 연구」, 『한국정보관리학회지』 제44권 제3호, 한국정보관리학회, 2010년.

정경희, 최상희, 이호신, 『도서관과 사서를 위한 저작권법 매뉴얼』, 국립중앙도서관 도서관연구소, 2014.

최윤형, 김성원, 「국내 학술지 논문의 저작권 귀속 현황 연구」, 『한국정보관리학회 학술대회 논문집』, 한국정보관리학회, 2012.

홍재현, 『도서관과 저작권법』 제2판, (주)조은글터, 2011.

林 和弘, 「新しい局面を迎えたオープンアクセスと日本のオープンアクセス義務化に向けて」, 『科學技術動向研究』 第142號, 科學技術·學術政策研究所, 2014年.

제5장 정보화사회에서 정보 사유론과 정보 공유론

강남훈, 『정보혁명의 정치경제학』, 문학과학사, 2002.

김동욱 · 윤건, 「정보공유에 관한 연구」, 『한국지역정보화학회지』, 제13권 제4호, 한국 지역정보화학회, 2010.

김상배 · 김도승 · 원동규 · 최경진, 「지식정보유통의 촉진 및 권리보호 방안 연구」, 『정 책연구』, 01-14, 정보통신정책연구원, 2001.

김송옥, 「디지털시대 지적재산권 보호의 헌법상 한계에 관한 연구」, 중앙대 석사학위 논문, 2003.

김원태, 「마르크스 노동패러다임의 재구성」, 『마르크스주의 연구』, 15호(제6권 3호), 경 상대학교 사회과학연구원, 2009.

김홍열, 「네이버엔 '소송', 유튜브엔 '협력'… 이래서였구나」, 『오마이뉴스』(2014. 4.8.) http://www.ohmynews.com/NWS_Web/View/at_pg.aspx?CNTN_ CD=A0001963098

남희섭, "날로 진화하는 저작권 사냥꾼." 『오픈 넷』(2015.6.23) http://opennet. or.kr/9209#sthash.HZMu2yeZ.dpuf

다니엘 벨, 김원동 · 박형신 옮김, 『탈산업사회의 도래』, 아카넷, 2006.

레스터 C. 서로우, 한기찬 옮김, 『지식의 지배』, 생각의 나무, 2007.

마뉴엘 카스텔, 김묵한 옮김, 『네트워크 사회』, 한울, 2009.

마뉴엘 카스텔, 김묵한 · 박행웅 · 오은주 옮김, 『네트워크 사회의 도래』, 한울아카데미, 2014.

마에 겐이치, 박길부 옮김, 『국가의 종말』, 한언출판사, 1999.

마이클 하트 · 안토니오 네그리, 윤수종 옮김, 『제국』, 이학사, 2002.

미셸 푸코, 오생근 옮김, 『감시와 처벌』, 나남출판, 2002.

배성인, 「반자본주의 대중화 전략을 위한 지역운동과 정치개혁방안」 맑스코뮤날레 집 행위원회 엮음, 『세계자본주의의 위기와 좌파의 대안』, 한울아카데미, 2013.

백욱인, 『디지털 데이터 · 정보 · 지식』, 커뮤니케이션북스, 2014.

백욱인, 『정보자본주의』, 커뮤니케이션북스, 2013.

서명준, 『미디어사회학』, 커뮤니케이션북스, 2014.

송영식 · 이상정, 『저작권법 개설』, 세창출판사, 2013.

앨빈 토플러, 원창엽 옮김, 『제3의 물결』, 홍신문화사, 2006.

오승종, 『저작권법』, 박영사, 2012.

울리히 벡, 홍윤기 옮김, 『아름답고 새로운 노동세계』, 생각의 나무, 1999.

전상국, 「정보화사회에서의 소유에 관한 연구」, 고려대대학원 정치학 박사학위 논문, 2004.

정국환 외, 「정보사회의 지적재산권 개념 재정립」, 한국전산원, 1997.

제레미 리프킨, 이영호 옮김, 『노동의 종말』, 민음사, 2005.

조지 리처, 김종덕 옮김, 『맥도날드 그리고 맥도날드화』, 시유시, 2003.

피터 드러커, 이재규 옮김, 『자본주의 이후의 사회』, 한국경제신문사, 1994.

홀거 하이데, 강수돌 옮김, 『노동사회 벗어나기』, 박종철출판사, 2000.

홍성태, 『사이버공간 사이버문화』, 문화과학사, 1996.

홍성태, 『현실 정보사회의 이해』, 문화과학사, 2002.

황희철, 「정보통신망 발전과 저작권」, 한국언론연구원 편, 『뉴미디어와 저작권』, 한국언론연구원, 1996.

Boyle, James, *Shamans, Software, and Spleens: Law and the Construction of the Information Society*, Harvard Univ. Press, 1996.

제6장 공공적 지식 재화의 사회화 전략

가라타니 고진, 「세계 위기 속의 어소시에이션-협동조합」, 『녹색평론』, 11월-12월호, 녹색평론, 2009.

김세균, 「마르크스의 국가관」, 『철학』 31, 1989.

김영수, 『남아공 민주주의의 역사 현재 미래』, 동인, 2002.

서용순, 「바디우의 '코뮌주의 이념'에 대한 소고」, 경상대학교 사회과학연구원, 『마르크스주의 연구』, 제11권 제1호, 한울, 2014.

심광현, 「기본소득운동과 대안적 지식구성체/교육구성체 형성과 전망」, 경상대학교 사회과학연구원, 2014. 5. 15.

오현철, 「토의민주주의: 이론 및 과제」, 주성수 · 정상호 편, 『민주주의 대 민주주의』, 아르케, 2006.

오현철, 「민주주의의 새로운 공간: 한국 공론장의 대안적 발전 모델을 중심으로」, 『한국정치학회보』 제41집 2호, 한국정치학회, 2007.

원영수, 『지금 건설하라, 21세기 사회주의』, 메이데이, 2006.

이진경, 「실재의 정치학과 배제된 자들의 공산주의: 지젝의 공산주의 정치에 대하여」, 경상대학교 사회과학연구원, 『마르크스주의 연구』, 제11권 제1호, 한울, 2014.

임혁백, 『세계화 시대의 민주주의: 현상 · 이론 · 성찰』, 나남, 2000.

장석준, 「21세기의 현실 대안-사회주의」, 『마르크스주의연구』, 제3권 제2호, 경상대학교 사회과학연구원, 2006.

정성진, 「21세기 사회주의와 참여계획경제의 가능성」, 『진보평론』, 제30호, 겨울호, 메이데이, 2006.

정성진, 「21세기 사회주의를 위한 참여계획 모델」, 『국제학술대회자료집』, 경상대학교 사회과학연구원, 2007.

지젝, 슬라보예, 「오늘 왜 공산주의인가」, 『말과 활』, 창간호, 2013.

지젝, 슬라보예, 김성호 옮김, 『처음에는 비극으로, 다음에는 희극으로』, 창비, 2010.

지젝, 슬라보예, 주성우 옮김, 『멈춰라, 생각하라』, 와이즈베리, 2012.

카를 마르크스, 프리드리히 엥겔스, 이진우 옮김, 『공산당선언』, 책세상, 2007.

칼 맑스, 프리드리히 엥겔스, 최인호 외 옮김, 『저작선집』, 박종철출판사, 1991.

A. Badiou, General Introduction, 서울 공산주의 국제 컨퍼런스 발표문, 2013.

COSATU, *People's Budget System*, cosatu, 2002.

Craig Charney, "Civil Society, Political Violence, and Democratic Transition: Business and peace process in South Africa, 1990 to 1994", *Society for Comparative Study of Society and History*, vol. 99, 1999.

Cynthia Lucas Hewitt and Mamadi Matlhako, "History Education in Post-Apartheid South Africa-African identity and Regional Economic Integration", *Society for Comparative Study of Society and History*, 78-1, April, 2001.

지식의 공공성 딜레마

D. McDonald, and J. Pape(eds.), *Cost Recovery and the Crisis of Service Delivery*, Pretoria: Human Science Research Council, 2002.

Daniel F. Neff, "Subjective Well-Being, Poverty and Ethnicity in South Africa: Insight from an Exploratory Analysis", *Sociology of Work Unit(SWOP)*, Johannesburg: University of the Witwatersrand, 2006.

Dianne R. Berman and Mark Andrew Abdollahian, "Negotiating the Peaceful Expantion of the South Africa Electorate", *Journal of Conflict Resolution*, 43-2, April, 1999.

F. Barchiesi, *Precarious Liberation*, New York: State University of New york Press, 2011.

G. Therbon, *States and Society*, Oxford: martin Robertson, 1983.

Gott, Richard, In the Shadow of the Liberator, Hugo Chavez and the Transformation of Venezuela, translated by into, Hugo Chavez: *The Bolivarian Revolution in Venezuela*, Verso, 황건 옮김, 『민중의 호민관 차베스』, 당대, 2005.

Habermas, J., *Strukturwandel der Öffentlichkeit*, Frankfurt: Shurkamp, 1990.

Kingdon, G. and Knight, J., "Are Searching and Non-Searching Unemployment Distinct States when Unemployment is high? The Case of South Africa", *Working Paper* No. WPS/2000-2, Centre for the Study of African Economies, University of Oxford, 2000,

Larry Diamond, "Toward Democratic Consolidation", Larry Diamond & Marc F. Plattner(eds) 1996, *Developing Democracy-Toward Consolidation*, Baltimore and London: The Johns Hopkins Univ. Press, pp. 227-240, 2000.

Lijphart, Ared, "Constitutional Design for Divided Societies", *Journal of Democracy*, 15(2): 96-109, 2004.

M. 리브만, 안택원 옮김, 『레닌주의 연구』, 미래사, 1985.

Mark J. Gasiorowski & Timothy J. Power, "The Structural Determinants of Democratic Consolidation-Evidence from the Third World", *Comparative Political Society*, 31-6, september, 1998.

Micle Albert, 『파레콘』, 북로드, 2004,

Murray Leibbrandt, Ingrid Woolard, Hayley McEwen and Charlotte Koep, "Employment and Inequality outcomes in South Africa, *Southern Africa Labour and Development Research Unit (SALDRU) and School of Economics*, University of Cape Town, 2010.

Nattrass, N., "The debate about unemployment in the 1990s" *Studies in Economics and Econometrics*, 24(3), 2000.

O'Donnell, Guillermo, "Human Development, Human Rights, and Democracy", *The Quality of Democracy: Theory and Applications*, Eds. Guillermo, O'Donnell, Jorge Vargas Cullell, Osvaldo M. Iazzetta, NotreDame, Indiana: University of NotreDame Press, 2004.

O'Donnell, Guillermo, "Why the Rule of Law Matters", *Assessing the Quality of Democracy*, Larry Diamond and Leonardo Morlino.(Eds.), Baltimore, Maryland: The Johns Hopkins University Press, 2005.

Oyugi, Walter O., "COAlition Politics and COAlition Governments in Africa", *Journal of Contemporary African Studies*, 24(1): 53-79, 2006.

P. Marcuse. "Transition in South Africa: To What?", *Monthly Review*, Vol 47. No 6, 1995. 11.

P. Norris, *Driving Democracy: Do Power-Sharing Institutions Work?*, Cambridge: Cambridge University Press, 2008.

R. Bierstedt, "An Analysis of Social Power", *American Sociological Review*, vol.15, 1960.

R. D. Jessop, "Change and Power in Structural Analysis", *Sociological Review*, vol.17, 1969.

Reynolds, Andrew, *Electoral Systems and Democratization in Southern Africa*, Oxford: Oxford University Press, 1999.

Robert Perrucci and Marc Pilisuk, "Leaders and Ruling Elites: The Interorganisational Bases of Community Power", *American Sociological Review*, vol.35, 1970.

V. I. 레닌, 『프롤레타리아독재에 대하여』, 편집부, 앎과 함, 1989.

W. Paul Cockshott & Allin F. Cottrell, *Towards A New Socialism*, Coronet Books Inc., 1993.

찾아보기

지식의 공공성 딜레마

1판 1쇄 발행 2015년 7월 1일

지은이 | 김영수, 배성인, 김성태
펴낸이 | 조영남
펴낸곳 | 알렙

출판등록 | 2009년 11월 19일 제313-2010-132호
주소 | 서울시 마포구 합정동 373-4 성지빌딩 615호
전자우편 | alephbook@naver.com
전화 | 02-325-2015
팩스 | 02-325-2016

ISBN 978-89-97779-51-2 93300